책을 더 재미있게, 책을 더 오래 기억하는 방법
다산어린이 공식 카페에는 다양한 독서 활동 자료가 있습니다.
자료를 활용하여 아이들의 독서 흥미를 더욱 키워 주세요.

다산어린이 공식 카페

글 김성재

만화 스토리 작가 김성재 선생님은 《천추》, 《파이널판타지》, 《용병 마루한》, 《마법천자문》 등을 작업했고, 2003년과 2012년에는 '오늘의 우리 만화상'을 수상했습니다.

그림 스튜디오 해닮

해닮은 '해를 닮은 사람들'의 약자로, 해처럼 밝고 건강한 작품을 만들기 위해 2009년에 일곱 명의 작가가 모여 만든 공동체입니다. 일곱 가지 색깔을 가진 일곱 명의 작가가 다양하고 재미있는 학습 만화와 창작 만화, 동화 삽화 작업을 하고 있습니다.

작품집으로는 학습 만화 《홍쌤의 최강수학》(전 6권), 《건강만화》(전 3권), 《요리공주》(전 3권), 《과학킹왕 짱》(전 10권), 《전우치전》(전 3권) 등과 어린이 동화 《두바이처럼 생각하라》, 《백 원 갖고 뭐해》, 《판타지 탈무드의 비밀》(전 2권), 《공룡탐험대》 등이 있습니다.

유재석

2판 1쇄 발행 2022년 7월 8일
2판 3쇄 발행 2024년 5월 24일

글 김성재 **그림** 스튜디오 해닮 **감수** 김민선
펴낸이 김선식

부사장 김은영
어린이사업부총괄이사 이유남
디자인 김은지 **책임마케터** 안호성
어린이콘텐츠사업1팀장 최인수 **어린이콘텐츠사업1팀** 김은지 박세미 강푸른
마케팅본부장 권장규 **마케팅3팀** 최민용 안호성 박상준 송지은
미디어홍보본부장 정명찬
편집관리팀 조세현 백설희 **저작권팀** 한승빈 이슬 윤제희 **제휴홍보팀** 류승은 문윤정 이예주
재무관리팀 하미선 윤이경 김재경 이보람 임혜정
인사총무팀 강미숙 지석배 김혜진 황종원
제작관리팀 이소현 김소영 김진경 최완규 이지우 박예찬
물류관리팀 김형기 김선민 주정훈 김선진 한유현 전태연 양문현 이민운
북디자인 포맷 박연주

펴낸곳 다산북스 **출판등록** 2005년 12월 23일 제313-2005-00277호
주소 경기도 파주시 회동길 490 **전화** 02-704-1724 **팩스** 02-703-2219
다산어린이 카페 cafe.naver.com/dasankids **다산어린이 블로그** blog.naver.com/stdasan
종이 신승INC **인쇄** 민언프린텍 **후가공** 평창피앤지 **제본** 대원바인더리

ISBN 979-11-306-9185-5 14990

+ 책값은 표지 뒤쪽에 있습니다.
+ 파본은 본사와 구입하신 서점에서 교환해 드립니다.
+ 이 책은 저작권법에 의하여 보호를 받는 저작물이므로 무단 전재와 복제를 금합니다.
+ 이 책에 실린 사진의 출처는 셔터스톡, 위키피디아, 연합뉴스 등입니다.

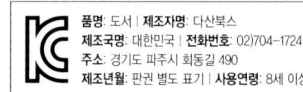

※ KC마크는 이 제품이 공통안전기준에 적합하였음을 의미합니다.

유재석
Yoo Jae-suk

추천의 글

자신만의 멘토를 만날 수 있는 who? 시리즈

다산어린이의 《who?》 시리즈는 어린이들은 물론 어른들에게도 재미와 감동을 주는 교양 만화입니다. 《who?》 시리즈는 전 세계 인류에 크게 영향력을 가진 인물들로 구성되었으며 인물들의 삶과 사상을 객관적으로 전해 줍니다.

이처럼 다양한 나라와 분야에서 활약한 위인들의 이야기를 통해 과학, 예술, 정치, 사상에 관한 정보는 물론이고, 나라별 문화와 역사까지 배우게 될 것입니다. 《who?》 시리즈의 가장 큰 장점은 위인들이 그들의 삶에서 겪은 기쁨과 슬픔, 좌절과 시련, 감동을 어린이들이 함께 느낄 수 있다는 것입니다. 어린이들은 이 책을 읽으면서 폭넓은 감수성을 함양하게 됩니다.

《who?》 시리즈의 어린이 독자들이 책 속의 위인들을 통해 자신만의 멘토를 만나 미래의 세계적인 리더로 성장하기를 진심으로 응원합니다.

존 덩컨 미국 UCLA 동아시아학부 교수

존 덩컨(John B. Duncan) 교수는 한국학 분야의 세계적인 석학으로 미국 UCLA 한국학 연구소 소장 및 동 대학의 동아시아학부 교수를 겸직하고 있습니다. 하버드 대학교 교환 교수와 고려 대학교 해외 교육 프로그램 연구센터장을 역임했으며, 주요 저서로는 《조선 왕조의 기원》, 《조선 왕조의 시민 행정의 제도적 기초》 등이 있습니다.

세상을 더 나은 곳으로 만든 사람들의 이야기

어린이들은 자라면서 수많은 궁금증을 가지게 됩니다. 그중에서도 "저 사람은 누굴까?"라는 질문은 종종 아이들의 머릿속을 온통 지배해 버리기도 합니다. 다산어린이에서 출간된 《who?》 시리즈는 그런 궁금증을 해결해 주기 위해 지구촌 다양한 분야의 리더들을 소개하고 있습니다.

《who?》 시리즈에 등장하는 인물들은 인종과 성별을 넘어 세상을 더 나은 곳으로 만든 사람들입니다. 어린이들은 이 책에서 디지털 아이콘으로 불리는 스티브 잡스는 물론 니콜라 테슬라와 같은 천재 발명가를 만날 수 있습니다.

책 속 주인공들의 어린 시절 이야기를 통해 기쁨과 슬픔, 도전과 성취감을 함께 맛보고, 그들과 함께 성장하면서 스스로 창조적이고 인류에 도움이 되는 사람이 되겠다는 포부와 자신감을 갖게 될 것입니다.

《who?》 시리즈 속에서 다채롭고 생동감 넘치는 위인들의 이야기를 만나 보세요.

에드워드 슐츠 하와이 주립 대학교 언어학부 교수

에드워드 슐츠(Edward J. Shultz) 하와이 주립 대학교 언어학부 교수는 동 대학의 한국학센터 한국학 편집장을 역임한 세계적인 석학입니다. 평화봉사단 활동의 하나로 한국에서 영어 교사로 근무한 경험이 있으며, 현재 한국과 미국, 일본을 오가며 활발한 활동을 펼치고 있습니다. 저서로는 《중세 한국의 학자와 군사령관》, 《김부식과 삼국사기》 등이 있고, 한국 중세사와 정치에 대한 다수의 기고문을 출간했습니다.

추천의 글

미래 설계의 힘을 얻는 길이 여기에 있습니다

어린이가 성장하는 시기에는 스스로 미래를 설계하며 다양한 책을 접하는 경험이 필요합니다.

어린 시절 만난 한 권의 책이 인생에 미치는 영향이 얼마나 큰지는 꿈을 이룬 사람들의 말을 통해서 알 수 있습니다. 빌 게이츠는 오늘날 자신을 만든 것은 동네의 작은 도서관이었다고 말하고, 오프라 윈프리는 어린 시절 유일한 친구는 책이었음을 고백하며 독서의 중요성에 대해 이야기합니다.

꿈을 이룬 사람들의 공통점은 또 있습니다. 그들에게는 어린 시절, 마음속에 품은 롤 모델이 있었습니다. 여러분의 롤 모델은 누구인가요? 《who?》 시리즈에서는 현재 우리 어린이들이 가장 닮고 싶어하는 롤 모델을 만날 수 있습니다. 버락 오바마, 빌 게이츠, 조앤 롤링, 스티브 잡스 등 세상을 바꾼 사람들의 감동적인 이야기를 담은 《who?》 시리즈는 어린이들이 구체적인 목표를 설정하고 희망찬 비전을 세울 수 있도록 도와줄 친구이면서 안내자입니다. 《who?》 시리즈를 통하여 자신의 인생 모델을 찾고 미래 설계의 힘을 얻을 수 있습니다.

송인섭 숙명 여자 대학교 명예 교수 | 한국영재교육학회 회장

숙명 여자 대학교 명예 교수이자 한국영재교육학회 회장으로 자기주도학습 분야의 최고 권위자입니다. 한국교육심리연구회 회장, 한국교육평가학회장, 한국영재연구원 원장을 역임했습니다. 자기주도학습과 영재 교육의 이론을 실제 교육 현장에 적용하기 위해 노력하고 있습니다.

평생을 이끌어 줄
최고의 멘토를 만날 수 있는 책

10대에 가장 중요한 것은 무엇일까요? 학과 공부와 입시일까요? 우리나라 최초의 국제회의 통역사로 30년 동안 활동하면서 글로벌 리더들을 만날 기회가 수없이 많았던 저는 대한민국의 초등학생들에게 특별한 조언을 해 주고 싶습니다. 그것은 큰 꿈을 가지는 것이 무엇보다 중요하다는 것입니다.

꿈은 힘들고 지칠 때 나를 이끌어 주는 힘이고 내 인생의 주인이 되어 일어설 수 있게 하는 원동력이 되어 줍니다. 꿈이 있는 아이가 공부도 잘하고 결국 그 꿈을 실현할 수 있게 되는 것입니다. 저 역시 어린 시절 품었던 꿈이 지금의 자리에 있게 한 원동력이었습니다. 남들이 모르는 큰 꿈을 마음속에 간직하고 있었기에 괴롭고 힘들어도 포기하지 않고 다시 일어설 수 있었습니다.

어린 시절 저에게도 힘들고 지칠 때마다 용기를 불어넣어 주고 힘이 되어 주었던 분들이 있었습니다. 지금의 자리로 저를 이끌어 준 멘토들처럼《who?》시리즈에서 여러분의 친구이자 형제, 선생이 되어 줄 멘토를 만날 수 있기를 바랍니다.

최정화 한국 외국어 대학교 교수 | 우리나라 최초 국제회의 통역사

우리나라 최초의 국제회의 통역사로 현재 한국 외국어 대학교 통번역대학원 교수입니다. 세계 무대에서 자신의 꿈을 이룬 여성 신화의 주인공으로, 역시 세계에서 꿈을 펼치려고 하는 청소년들에게 멘토의 역할을 충실히 하고 있습니다. 저서로는 《외국어, 내 아이도 잘할 수 있다》, 《외국어를 알면 세계가 좁다》, 《국제회의 통역사 되는 길》 등이 있습니다.

추천의 글

어린이의 꿈을 키워 주는
훌륭한 안내자를 소개합니다

자녀의 꿈이 무엇인지 알고 있어도 대한민국 학부모들에게 자녀의 꿈보다는 학교 성적이 우선인 것이 현실입니다. 멋진 꿈을 가지고 있어도 성적이 나쁘면 실현 가능성이 낮다고 생각하기 때문입니다.

하지만 정말 그럴까요? 하고 싶지 않은 공부를 의지만 가지고 하는 사람은 언젠가 한계를 느끼지만, 이루고 싶은 것을 위해 노력하는 사람의 마음속에는 열정이 생겨 더 열심히 노력하게 됩니다. 쉽고 재미있는 이야기를 통해 마음속으로 열정을 키울 수 있는 좋은 책이 나왔습니다. 이 책을 읽은 많은 어린이들이 큰 꿈을 품고 자신의 미래를 그리며 열정을 키우게 되었다고 말합니다.

의지를 주문하기보다 열정을 가질 수 있도록 다양한 기회를 제공하는 학부모들의 현명한 선택을 위해 이 책을 추천합니다. 하기 싫은 걸 억지로 공부하는 자녀가 아니라 정말 열정적으로 공부하는 자녀의 모습을 기대한다면 부모님의 잔소리를 대신하여 훌륭한 길잡이가 되어 줄 《who?》 시리즈를 만나 보시기 바랍니다.

박재원 행복한 공부연구소 소장

한국형 두뇌 기반 학습을 연구 개발한 학습 전문가입니다. 행복한 공부연구소 소장으로 강연, 집필, 방송 출연 등 다양한 활동을 하고 있습니다. 저서로는 《공부가 즐거워지는 기적의 두뇌 학습법》, 《중학생이 되기 전에 꼭 잡아야 할 공부 습관》시리즈, 《가정이 대안이다》시리즈 등이 있으며 《핀란드 교실 혁명》의 번역 및 해설을 했습니다.

해외 석학들과 전문가들이
극찬을 아끼지 않은 책

다산어린이에서 출간된 《who?》 시리즈는 개인적으로도 무척 반가운 책입니다. 김대중 전 대통령을 청와대에서 가까이 모시면서, 반기문 유엔사무총장이 외교통상부 장관으로 재임하던 시절 국회의원으로서 함께 활동하면서 그분들의 훌륭한 점을 많이 봐 왔기 때문입니다.

전 세계 다양한 분야의 지도자들이 성공에 이르기까지의 과정을 학습만화로 그린 《who?》 인물들이 어떻게 시련과 역경을 극복했는가를 잘 보여 주는 이 책은 이 시대를 살고 있는 모든 어린이들에게 매우 유익합니다.

저는 'who?를 사랑하는 모임'의 대표로서 많은 해외 석학들과 국내 전문가들에게 이 책을 소개했고, 그때마다 놀라운 반응이 이어졌습니다. 하버드 대학의 에드워드 베이커 전 한국학 연구소장도, 미주 이민 110주년 기념 사업회의 책임자도, 세계 한인 회장단의 공동회장도, 국내의 도서관장들도 모두 《who?》 시리즈를 접하고 극찬을 아끼지 않았습니다. 어린이들의 원대한 꿈을 실현시켜 주는 힘을 지닌 《who?》 시리즈가 머지않은 미래에 한국은 물론 전 세계의 모든 가정에 영향력 있는 책으로 자리매김하리라 확신하며, 이 책을 추천합니다.

최 성 전 경기 고양시장 / 'who?를 사랑하는 모임' 대표

최 성 전 경기 고양시장은 청와대 외교안보비서관과 17대 국회의원을 지냈습니다. 미국 존스홉킨스대학 교환 교수 등을 역임하며 세계 3대 인명사전 중 2곳에 게재된 바 있으며, 현재 'who?를 사랑하는 모임'의 대표로도 활동하고 있습니다.

차례

 추천의 글 4

 **1** 소심한 개구쟁이 16
인물백과 1   유재석의 인물 돋보기 32

 **2** 좌충우돌 학창 시절 36
인물백과 2   한국 방송의 역사 56

 **3** 개그맨을 꿈꾸다 60
인물백과 3   코미디란? 78

 **4** 좌절의 연속 82
인물백과 4   만능 재주꾼 MC 102

5 작은 희망 106
인물백과 5 유재석의 모든 것 126

6 메뚜기 탈과 토크 박스 130
인물백과 6 방송을 만드는 사람들 152

7 말하는 대로 156

어린이 진로 탐색 176 / 연표 188
찾아보기 190

2014년 12월. 한 해 동안 시청자의 사랑을 받은 많은 연예인이 연예 대상 시상식에 모였습니다.

시상식의 하이라이트, 대상 후보 발표만을 남겨 두고 있습니다.

우선 대상 후보를 위한 지지 연설을 들어 보겠습니다.

짝짝짝

짝짝짝

1 소심한 개구쟁이

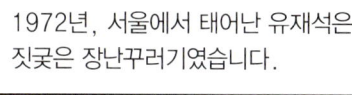

소심한 성격이었던 재석은 친구들에게 먼저 다가가지 못했고, 점심시간마다 혼자 밥을 먹어야 했습니다.

* 재석이 학교에 다니던 1980년대에는 급식 시설이 제대로 갖춰지지 않아 각자 도시락을 싸서 다녔습니다.

* **띠** 사람이 태어난 해를 상징하는 열두 동물의 이름으로 이르는 말

인물 백과 1

유재석의 인물 돋보기

유재석은 누구나 인정하는 대한민국 최고의 방송인입니다. 긴 무명 시절을 이겨 내고 최고의 방송인이 되기까지, 우리가 몰랐던 유재석의 성공 비결은 무엇일까요?

하나 유머 감각

지금은 많은 사람 앞에서 웃음을 주는 유재석이지만, 어린 시절에는 소심하고 겁 많은 아이였습니다. 아버지의 잦은 전근으로 이사와 전학을 반복했던 유재석은 소심한 성격 탓에 전학 간 학교에서 친구를 쉽게 사귀지 못했습니다. 그런 유재석이 친구를 사귈 수 있었던 것은 타고난 유머 감각 덕분이었습니다. 평소 사람들을 웃기는 것을 좋아했던 유재석은 다양한 개그를 선보이며 친구들에게 다가섰고, 학교 최고의 명물로 손꼽힐 수 있었습니다. 또한 유재석의 유머 감각은 그를 정상의 자리에 오르게 한 원동력이기도 합니다. 뛰어난 유머 감각을 바탕으로 순발력 있게 프로그램을 진행하는 유재석의 모습에 사람들은 즐거워했고, 유재석을 최고의 방송인으로 만들었습니다.

둘 부모님의 가르침과 사랑

유재석은 연예계에서 검소하고 정직하기로 유명한데, 이런 그의 생활 태도는 부모님으로부터 비롯되었습니다. 유재석의 어머니는 풍족하지 않은 살림이지만, 자식들만큼은 부족함 없이 키우고자 노력했습니다. 유재석이 초등학생 시절, 어머니가 학교 청소를 했던 적이 있습니다. 학급 반장이 된 아들을 위해 도움을 주고 싶었던 어머니가 학교 청소를

대한민국 최고의 방송인, 유재석
ⓒ 연합포토

유재석은 어린 시절부터 남다른 유머로 친구들을 즐겁게 해 주었습니다. ⓒ 연합포토

자처했던 것입니다. 또한 유재석의 아버지는 자식들에게 바른 생활 태도를 길러 주고자 노력했습니다. 한번은 성적이 떨어진 유재석이 부모님께 꾸중을 들을까 걱정하여 성적표를 조작했던 적이 있었습니다. 이를 알아챈 아버지는 성적이 떨어진 것이 아닌, 정직하지 못한 행동을 지적하며 엄하게 꾸짖었습니다. 이런 부모님의 영향으로 유재석은 어린 시절부터 검소하고 정직한 생활 태도를 배울 수 있었습니다. 유재석의 부모님은 개그맨으로 성공하는 것이 얼마나 힘든 일인지 알았기에 아들이 개그맨이 된다고 했을 때 무척 반대했습니다. 하지만 유재석이 개그맨의 길을 걷자 묵묵히 지켜보며 응원해 주었습니다. 이런 부모님이 계셨기에, 지금의 유재석이 있었던 것입니다.

유재석이 다녔던 수유 중학교

잘해야겠다는 욕심은 유재석을 긴장하게 하였고, 프로그램 녹화 중 잦은 실수를 불러왔습니다.
ⓒ Kootenayvolcano

셋 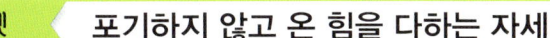 포기하지 않고 온 힘을 다하는 자세

유재석은 개그맨으로 데뷔한 뒤 오랜 시간 무명 시절을 보내야 했습니다. 뛰어난 유머 감각을 가졌지만 '카메라 공포증'이 유재석의 발목을 잡았기 때문입니다. 연습 때는 누구보다 잘했지만, 카메라 앞에만 서면 말을 더듬어 촬영을 망치고는 했습니다. 이 때문에 단역으로 점점 밀려났고, 급기야 후배들에게까지 그 자리를 내주어야 했습니다. 유재석은 낙심하고 좌절했지만, 최고의 개그맨이 되겠다는 꿈을 포기하지 않았습니다. 오히려 기회가 왔을 때 최상의 모습을 보일 수 있도록 아무리 작은 단역이라도 소홀히 하지 않았습니다. 카메라 공포증을 극복하고자 우스꽝스러운 메뚜기 탈을 쓰고 인터뷰를 하러 다니는 등 매사에 온 힘을 다하자 점점 더 많은 기회가 찾아오게 되었습니다.

뛰어난 유머 감각에도 유재석은 카메라 공포증 때문에 제 실력을 발휘하지 못했습니다.
ⓒ AV Hire London

인물백과 1

넷 다른 사람을 배려하는 마음

사람들은 유재석을 가리켜 '배려의 아이콘'이라고 부릅니다. 유재석은 프로그램을 진행할 때 긴장하거나 적응하지 못하고 힘들어하는 출연자가 있으면 먼저 말을 걸어 주고, 그들의 대답에 호들갑스러울 정도로 반응하는 등 편안한 분위기를 만들어 출연진의 이야기를 끌어냅니다. 카메라 공포증 때문에 제 실력을 발휘하지 못했던 자신의 무명 시절 모습을 떠올리며 유재석은 출연진을 배려했고, 이 덕분에 많은 연예인이 자신의 끼와 열정을 선보이며 스타가 될 수 있었습니다. TV에 쉽게 모습을 내비치지 않는 유명 스타들이 유재석이 하는 프로그램만큼은 출연하는 이유가 이 때문이기도 합니다. 이처럼 유재석은 최고의 방송인이 되어서도, 한결같이 겸손한 자세로 사람을 대했습니다.
많은 사람이 무명 시절을 겪습니다. 하지만 최고가 되어서도 그 시절을 기억하고, 행동하기는 어렵습니다. 사람들을 배려하는 마음과 한결같은 겸손함, 매사에 감사하는 마음이야말로 지금의 유재석을 있게 한 비결 중 하나입니다.

유재석은 초심을 잃지 않고, 프로그램 녹화 시 늘 동료들을 챙겼습니다.
ⓒ K.Muncie

who? 지식사전

감사할 줄 아는 마음

늘 함께 있어 그 소중함을 잊고 지내는 가족에게 감사하는 마음을 표현해 봅시다.
ⓒ Bill Branson

우리는 혼자 살아갈 수 없습니다. 주변 사람들과 도움을 주고받으며, 서로에게 관심 가지고 사랑하며 살아가야 합니다. 이때 필요한 것이 바로 '감사하는 마음'입니다. 작은 일에도 늘 감사하고, 그 마음을 표현할 수 있다면 우리의 생활은 더욱 가치 있고 풍성해질 것입니다.
유재석은 늘 감사하는 마음을 가졌습니다. 자신을 사랑해 주는 팬에게, 함께 일하는 동료에게, 그리고 가족에게 현재의 자신을 있게 도움 준 것에 대해 기회가 있을 때마다 감사의 마음을 전했습니다.
우리도 주변을 살펴보면 감사해야 할 사람이 무척 많을 것입니다. 지금 당장 부모님과 친구에게 감사의 마음을 전하는 건 어떨까요?

다섯 철저한 자기 관리

유재석이 출연하는 프로그램을 살펴보면, 그의 인기에 비해 그 수가 많지 않다는 것을 알 수 있습니다. 유재석은 자신이 소화할 수 있는 적정선인 4~5개의 프로그램에 집중하며 온 힘을 다합니다. 또한 장시간 프로그램을 녹화하는 제작 환경에 뒤처지지 않기 위해 술과 담배를 하지 않고 꾸준히 운동하며 체력을 키웠습니다. 유재석이 오랜 시간 큰 사고 없이 프로그램을 이끌며 많은 사람에게 즐거움을 줄 수 있었던 것은 바로 이러한 철저한 자기 관리 때문입니다.

유재석은 체력을 기르기 위해 담배를 피우지 않습니다.
ⓒ kittischoen

유재석은 바쁜 일정에도 틈틈이 운동하는 등 자기 관리에 철저합니다.

여섯 솔선수범하며 자신을 희생하는 리더십

한 프로그램에서 유재석과 동료들은 경사가 높은 스키 점프대를 기어올라야 하는 미션을 받았습니다. 눈 쌓인 스키 점프대를 오르기란 여간 힘든 일이 아니었습니다. 결국 한 동료가 홀로 뒤처져 포기하려고 하자 정상에 먼저 올라가 있던 유재석이 스키 점프대 중간까지 내려와 뒤처져 있던 동료가 포기하지 않게 다독이며 자신을 밟고 편하게 오를 수 있도록 도와주었습니다. 이 모습은 동료들뿐만 아니라, 많은 시청자에게도 감동을 주었습니다.

유재석은 프로그램을 위해서라면 어떠한 어렵고 힘든 일도 언제나 자신이 먼저 나섰고, 누군가 이야기하면 크게 웃어 주는 등 늘 솔선수범했습니다. 이런 유재석의 모습에 프로그램을 함께하는 동료들은 유재석을 믿고 따르며 최선을 다할 수 있었습니다. 이렇게 동료를 위해 희생하고 솔선수범하는 리더십은 유재석이 성공할 수 있었던 이유 중 하나입니다.

혼자 오르기도 힘든 눈 쌓인 스키 점프대를 유재석은 동료를 이끌고 오르는 리더십을 발휘했습니다.
ⓒ Eckhard Pecher

좌충우돌 학창 시절

*체신부 공무원이었던 재석의 아버지는 수입이 많은 편이 아니었습니다. 그렇다고 뇌물 따위는 거들떠보지 않는 강직한 성격이었기에 재석의 가정 형편은 그리 넉넉하지 못했습니다.

* **체신부** 우편, 전기 통신에 관한 일을 맡아보던 중앙행정기관. 1994년 정부 조직 개편 시 정보통신부로 개편됨

*철 사리를 분별할 수 있는 힘

통증으로 잠 못 드는 재석의 방에 아버지가 살며시 들어왔습니다.

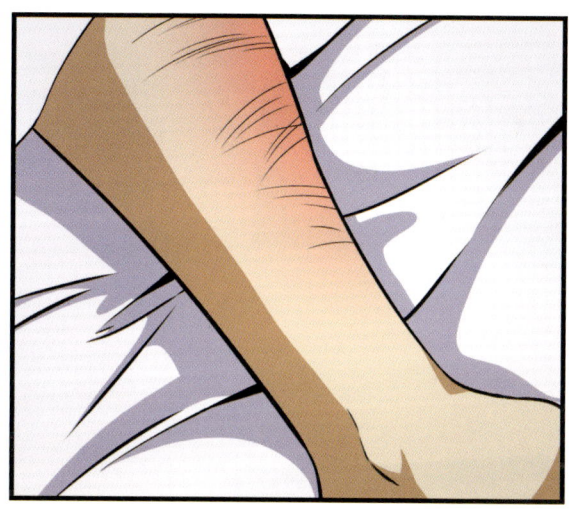

체벌한 것이 마음 쓰였던 아버지는 재석의 종아리에 연고를 발라 주었습니다.

아버지, 정말 잘못했어요. 이제부터는 저 자신에게 떳떳한 사람이 될게요.

재석은 잠든 체하고 있었지만, 아버지의 사랑을 느낄 수 있었습니다. 그리고 이날 이후, 재석은 다시는 거짓말 하지 않기로 다짐했습니다.

인물백과 2

한국 방송의 역사

우리나라 방송 산업은 해방 이후 눈부시게 발전했고, 이제 대한민국을 넘어 세계로 뻗어 나가고 있습니다. 우리나라 방송 산업이 어떻게 발전했는지 함께 알아볼까요?

1958년 당시 사용하던 TV. 현재의 TV와 모양이 많이 다릅니다. ⓒ Zaphod

현재의 TV. 과거의 TV보다 화면은 커지고 부피는 줄었습니다. ⓒ The Conmunity – Pop Culture Geek from Los Angeles, CA, USA

하나 한국 방송 산업의 성장 과정

우리나라 방송 산업은 일제 강점기 시대, 라디오 방송국으로 개국한 경성 방송국에서 시작합니다. 그리고 국내에서 방송 매체가 대중 매체로써 가능성을 보여 주기 시작한 것은 1960년 이후부터였습니다. 1959년 당시 라디오 보급량이 30만 대였던데 반해, 정부가 정책적으로 라디오를 보급하면서 1971년에는 3백 40만 대에 이르렀습니다. TV 방송도 1960년대부터 본격적으로 시작되었지만, 저조한 보급률로 사람들에게 큰 영향을 미치지는 못했습니다. 1960년대 이전까지 국내 방송은 나라에서 직접 운영하는 국영 방송 중심이었지만, 1959년 부산문화방송의 개국을 계기로 민간인이 운영하는 민영 방송의 길이 열렸습니다. 1960년대 후반부터 KBS TV, 동양방송, MBC TV의 개국으로 국내 방송은 국영 방송인 KBS와 민영 방송인 동양 및 MBC가 경쟁하는 체제로 접어들었습니다.

TV가 본격적으로 대중 매체로 자리 잡은 시기는 1970년대입니다. MBC와 TBC가 광고 방송을 시행, 광범위한 광고 시장을 형성해 갔으며 프로그램도 드라마·스포츠·쇼 등의 오락프로그램이 편성의 전면에 등장했습니다. 또한 이 시기에는 경제 성장과 함께 TV 보급률도 점차 높아졌습니다. 1980년대에는 방송사에 대한 대대적인 통폐합 조치가 취해진 시기입니다. 동양방송이 KBS 2TV로 흡수되고, 교육방송은

KBS 3TV로 신설되었습니다. 또한 KBS와 MBC는 TV 광고의 컬러화, 지방 방송망의 확충, 1986 아시안게임·1988 올림픽 등 대형 행사 개최에 힘입어 방송 광고 매출액이 급증했습니다.

1990년대에는 민영 방송인 SBS가 설립되었고, 평화방송과 불교방송, 교통방송 등 특수 방송국이 잇따라 개국했습니다. 2000년 이후 방송은 지상파 위주에서 탈피해 위성 방송과 케이블을 통한 다채널 시대로 전환되었습니다.

둘   한류의 주역, 방송 콘텐츠

유재석이 출연하고 있는 예능 프로그램 〈런닝맨〉은 중국을 비롯한 많은 나라에서 인기를 얻고 있습니다. 과거에는 드라마를 중심으로 한류 열풍이 불었다면, 현재는 예능 프로그램이 그 뒤를 잇고 있습니다. 그 우수성을 인정받아 여러 나라로 수출되고 있는 방송 콘텐츠에는 어떤 것들이 있을까요?

1980년대에는 올림픽 등 대형 행사가 개최되어 방송 광고가 늘었습니다. ⓒ Steve McGill

도전! 골든벨

〈도전! 골든벨〉은 1999년부터 현재까지 KBS에서 방송하고 있는 청소년 대상 퀴즈 프로그램입니다. 전국의 학교(주로 고등학교)를 찾아가 매주 학생 백 명이 50개의 문제에 도전하는데, 한 문제라도 틀리면 탈락하는 서바이벌 형식입니다. 50번째까지 문제를 다 푼 학생은 골든벨을 울릴 수 있고 명예의 전당에 이름을 남길 수 있습니다. 〈도전! 골든벨〉은 지난 2003년 중국에 이어 2006년에는 베트남에까지 프로그램 포맷(프로그램이 동일한 형식과 내용으로 제작될 수 있도록 프로그램의 콘텐츠를 모아 놓은 것)이 수출되며 국내 프로그램 포맷 수출의 출발점이 되었습니다.

〈도전! 골든벨〉은 안전 골든벨, 다문화 골든벨, 팔도 어린 골든벨 등 여러 특집 편이 방송되기도 했습니다. ⓒ 서울특별시 소방재난본부

인물 백과 2

나는 가수다

〈나는 가수다〉는 2011년부터 MBC에서 방송한 프로그램입니다. 매주 일곱 명의 가수가 나와 기존에 나온 다른 가수의 곡을 새롭게 편곡해 부르는 데, 일반인으로 구성된 심사단의 평가에 따라 탈락하는 형식입니다. 방송을 통해 소개된 곡은 재조명되어 큰 인기를 얻기도 했습니다. 〈나는 가수다〉는 2013년 중국에 포맷을 수출했는데, 금요일 저녁 황금 시간대에 편성돼 주요 드라마보다 더 높은 시청률을 올리며 중국에 MBC 프로그램 포맷 수출의 물꼬를 틔웠습니다.

〈나는 가수다〉를 통해 잊혔던 곡들이 재조명되기도 했습니다. ⓒ Scott Catron from Sandy, Utah, USA

아빠! 어디가?

〈아빠! 어디가?〉는 연예인을 비롯한 사회 유명인들이 자녀와 함께 여행하는 과정을 통해 아버지와 자녀의 성장 스토리를 담아낸 MBC 프로그램입니다. 2013년부터 2015년까지 방송되며 큰 인기를 끌었는데, 2013년 MBC 방송 연예 대상에서 대상을

〈아빠! 어디가?〉는 아버지와 아이 모두의 성장 스토리입니다.

who? 지식사전

뉴스는 생방송으로 진행되기에 예상치 못한 사고가 일어나기도 합니다. ⓒ 셔터스톡

웃지 못할 방송 사고

1988년 8월 4일 21시 20분쯤에 MBC 보도국에서는 〈뉴스데스크〉가 생방송으로 진행되고 있었습니다. 한창 뉴스가 진행되고 있을 때쯤, 의문의 남자가 스튜디오에 들이닥쳤습니다. 무단으로 침입한 의문의 남자는 생방송으로 뉴스를 진행하고 있던 앵커의 마이크를 빼앗으며 "귓속에 도청 장치가 들어 있습니다. 여러분, 귓속에 도청 장치가 들어 있습니다."라고 외쳤습니다. 이 과정은 19초 동안 전국으로 방송되었고, 이후 이 황당한 사건은 '도청 장치 방송 사고'로 불리게 되었습니다. 이 사건은 대한민국 생방송 사상 처음 있었던 방송 사고였습니다.

받기도 했습니다.

〈아빠! 어디가?〉는 중국과 베트남에 포맷이 수출되었는데, 특히 중국에서 큰 인기를 끌었습니다. 소위 시청률 1퍼센트만 기록해도 성공이라고 불리는 중국의 방송 환경에서 4퍼센트대의 높은 시청률을 올린 〈아빠! 어디가?〉는 극장판으로도 제작되었습니다.

런닝맨

〈런닝맨〉은 SBS의 대표 예능 프로그램입니다. 기존의 리얼 버라이어티 프로그램과 차별화된 새로운 장르인 리얼 액션 도시 버라이어티를 표방하였으며, 2010년 7월 11일에 첫 방송되었습니다. 〈런닝맨〉은 매주 게스트가 출연해 게임을 하는데, 게임 내용은 참가자의 등에 붙어 있는 이름표를 떼어 내는 단순한 형태입니다. 하지만 이런 단순한 게임 규칙은 해외 팬들이 쉽게 접근할 수 있는 계기가 되었습니다. 현재 브루나이, 대만, 타이, 중국, 홍콩, 일본, 싱가포르, 말레이시아, 인도네시아, 캄보디아 등에 수출되었고, 중국에는 포맷을 수출하여 '달려라, 형제'라는 이름으로 방영되고 있습니다.

2014 SBS 연예대상 시상식에 참석한 〈런닝맨〉 멤버들 ⓒ 연합포토

who? 지식사전

새로운 방송 매체의 등장

기술의 발달로 새로운 방송 매체들이 생겨나면서 우리 사회는 빠르게 변화했습니다. TV뿐만 아니라, PC나 DMB 등 방송 수신 방식이 확대되면서 다양한 방송 수신 매체가 등장하자 꼭 제 시간에 맞추지 않더라도 편리한 시간에 방송 콘텐츠 시청이 가능해졌습니다. 접근이 쉬워진 만큼 새로운 정보나 문화를 여러 사람이 빠르게 공유하며 이에 대한 생각이나 의견을 다양한 방법으로 표현하게 되었고, 이러한 사람들의 소통을 바탕으로 여러 가지 새로운 정보나 문화를 계속 만들어 낼 수 있게 되었습니다. 이는 우리 방송 문화 콘텐츠를 더욱 다양하고 풍부하게 만들며, 세계에 더욱 쉽고 빠르게 알릴 수 있게 해 주었습니다.

기술의 발달로 언제 어디서든 방송 콘텐츠를 접할 수 있게 되었습니다.
ⓒ melenita2012

3 개그맨을 꿈꾸다

고등학생이 된 재석은 현실적인 문제에 부딪혔습니다.

자, 나눠 준 종이 다 받았죠?

네~

그 종이에 자신이 가고 싶은 희망 학과를 적어서 내도록 하세요.

결국 재석은 부모님의 뜻에 맞춰 목표를 정하고 공부를 시작했습니다.

하지만 마음속으로는 개그맨이 되겠다는 꿈을 놓지 않았습니다.

* 〈비바 청춘〉 1988~1990년에 KBS에서 방송한 청소년을 위한 오락 프로그램. 전국의 고등학교를 돌며 학교의 자랑거리와 학생의 생활 모습 등을 촬영해 보여 주었음

* **콩트** 단편 소설보다도 짧은 소설. 보통 인생의 한 단면을 예리하게 포착하여 그리는데 유머, 풍자 등을 담고 있음

*〈영웅본색〉 1986년 제작된 홍콩 영화로, 개봉 당시 큰 인기를 끌었음

재석은 당시 유명했던 *〈영웅본색〉의 주인공 저우룬파를 패러디해서 큰 웃음을 주었습니다.

결심을 굳힌 재석은 부모님 몰래 서울 예술 대학교 방송 연예 학과에 지원했습니다.

서울 예술 대학은 많은 유명 연예인을 배출한 곳으로, 연예인을 꿈꾸는 학생이라면 꼭 가고 싶어 하는 대학이었습니다.

인물백과 3

코미디란?

코미디는 인간의 결점이나 사회의 비리를 꼬집어 웃음으로 갈등을 해소합니다. 그러므로 코미디에는 풍자와 해학 등의 요소와 함께 비판 정신이 깃들어야 합니다.

코미디가 전성기를 맞이한 건 영화가 개발되면서부터입니다. 사람들은 영화에서 조금은 덜떨어지고 우스꽝스러운 모습을 한 코미디 배우가 저지르는 황당한 실수에 웃음을 터트렸는데, 코미디의 황금기를 이끈 장본인으로는 찰리 채플린(1889~1977년)을 꼽을 수 있습니다. 찰리 채플린은 슬랩스틱(과장되고 우스운 행위 등을 주요한 웃음거리로 사용하는 코미디)과 마임(대사 없이 표정과 몸짓만으로 내용을 전달하는 연극)을 통해 관객을 웃기는 동시에 인간적인 감동을 주었던 것으로 유명합니다.

코미디의 황금기를 이끈 찰리 채플린
ⓒ P.D Jankens

하나 ┃ 한국 코미디 프로그램 역사

과거에는 노래와 풍악, 연극 등 다양한 레퍼토리(무대 위에서 공연할 수 있도록 준비한 연극 등의 목록)를 구성해 전국을 떠돌며 사람들에게 웃음을 주던 악극단이 여럿 있었습니다. 그러다 1960년대 중반, 우리나라 경제와 함께 방송 문화가 발전하면서 악극단은 전국을 떠도는 대신 TV에 출연해 사람들에게 웃음을 주기 시작했습니다. 바야흐로 코미디 프로그램의 시대가 열린 것입니다.

웃으면 복이 와요

〈웃으면 복이 와요〉는 MBC에서 1969년 8월에 시작하여 1985년 4월까지 방송되었던 코미디 프로그램입니다. 〈웃으면 복이 와요〉를 통해 코미디언들이 이끄는 본격 TV 코미디

〈웃으면 복이 와요〉에 출연했던 우리나라 코미디계의 대부, 구봉서
ⓒ 연합포토

쇼가 시작되었다고 할 수 있습니다. 당시 최고의 인기를 얻고 있던 구봉서, 배삼룡, 서영춘 등의 코미디언이 총출동하여 안방극장을 누볐고, 서수남과 하청일, 장소팔과 고춘자 등의 만담 콤비가 등장하여 인기를 끌었습니다.

유머 일 번지

〈유머 일 번지〉는 KBS에서 1983년부터 1992년까지 방송되었던 코미디 프로그램입니다. 방송 초기에는 단편 코너들로 구성되었으나 시간이 지나면서 고정 코너가 생기기 시작했습니다. 임하룡, 심형래, 김형곤 등 다수의 코미디언이 출연하였고 주요 코너로는 '동작 그만', '회장님, 회장님, 우리 회장님', '영구야, 영구야', '내일은 챔피언', '괜찮아유', '변방의 북소리' 등이 있었습니다.

〈유머 일 번지〉의 한 코너 '회장님, 회장님, 우리 회장님'의 한 장면 ⓒ 연합포토

쇼 비디오자키

〈쇼 비디오자키〉는 1987년부터 1991년까지 KBS에서 방송되었는데, 〈유머 일 번지〉와 함께 KBS의 대표 코미디 프로그램이었습니다. 〈유머 일 번지〉가 주로 스튜디오에서 촬영했다면, 〈쇼 비디오자키〉는 관객 앞에서 공개 코미디 형식으로 이루어졌습니다. 특이한 점은 인기 DJ가 프로그램 마지막에 해박한 대중음악 지식을 기반으로 뮤직비디오를 소개하는 코너가 있었는데, 시청자에게 큰 인기를 끌었습니다. 주요 코너로는 '시커먼스', '쓰리랑 부부', '네로 25시' 등이 있었습니다.

일요일 일요일 밤에

〈일요일 일요일 밤에〉는 1981년 3월부터 현재까지 매주 일요일 저녁에 방송되는 MBC 간판 프로그램입니다. 처음에는 〈일요일 밤의 대행진〉이라는 이름으로, 콩트를 위주로 한 코미디 프로그램이었습니다. 그러다 〈일요일

〈쇼 비디오자키〉의 한 코너 '시커먼스'는 훗날 〈개그 콘서트〉에서 '키 컸으면'이라는 코너로 재탄생했습니다. ⓒ 연합포토

인물백과 3

〈일요일 밤에〉, 〈우리들의 일밤〉이라는 이름을 거쳐 현재 〈일밤〉이라는 이름으로 방송되고 있습니다. 주요 코너로는 '배워 봅시다', '이휘재의 인생극장', '이경규의 몰래카메라', '신동엽의 신장개업' 등이 있었습니다.

개그 콘서트

〈개그 콘서트〉는 1999년 9월에 KBS에서 시작한 뒤, 현재까지 방송되고 있는 대한민국 최고의 코미디 프로그램입니다. 소극장 등에서 펼쳐지던 공연 형식의 코미디 쇼로, 관객 앞에서 개그를 펼치는 공개 코미디 프로그램입니다. 주요 코너로는 '사바나의 아침', '수다맨', '갈갈이 삼 형제', '마빡이', '달인', '생활사투리', '애정남' 등이 있습니다.

〈개그 콘서트〉 '마빡이' 코너에서 주인공이 이마를 때리는 행동은 어린이들 사이에서 유행했습니다.
ⓒ 연합포토

둘 한국을 빛낸 코미디언

'광대'는 가면극, 인형극, 줄타기, 판소리 따위를 하던 직업적 예능인을 통틀어 이르는 말입니다. 악극단에서 서민의 슬픔을 달래 주던 광대들이 TV 프로그램에 출연해 인기를 얻자 방송국에서는 코미디 쇼에 출연할 사람들을 뽑게 되었고, 이때부터 우리나라에도 '코미디언'이라는 개념이 등장하였습니다.

배삼룡

배삼룡(1926~2010년)은 1969년 MBC 소속 코미디언으로 데뷔하여 〈웃으면 복이 와요〉, 〈유머 일 번지〉 등의 프로그램에 출연했습니다. 바보 연기와 개다리춤으로 많은 인기를 얻은 배삼룡은 1970년대 대한민국 코미디의 전성기를 이끌었습니다. 이러한 공을 인정받아 2003년, 제10회 대한민국 연예예술대상 시상식에서 문화 훈장을 받았습니다.

1970년대 대한민국 코미디의 전성기를 이끈 배삼룡 ⓒ 연합포토

이주일

이주일(1940~2002년)은 1960년 육군 문선대(문화선전대, 군부대 위문 공연 조직)에서 코미디를 시작했습니다. 1979년 방송에 데뷔한 이주일은 〈웃으면 복이 와요〉로 뒤늦게 인기를 끌었습니다. 못생긴 얼굴을 강조하며 "못생겨서 죄송합니다"라는 유행어를 만들어 낸 이주일은 1980년대 최고의 코미디 황제로 자리 잡았습니다.

"콩나물 팍팍 무쳤냐?"라는 유행어를 남긴 이주일
ⓒ 연합포토

심형래

심형래(1958년~)는 KBS 제1회 개그 콘테스트에서 동상을 받으며 데뷔했습니다. 드라마 〈여로〉의 패러디인 '영구야, 영구야'로 명성을 얻은 심형래는 그 후 〈유머 일 번지〉의 '변방의 북소리', '내일은 챔피언' 등의 코너에서 바보 연기를 펼치며 1990년대 최고의 인기 개그맨이 되었습니다.

독보적인 바보 연기로 큰 인기를 얻은 심형래
ⓒ 연합포토

who? 지식사전

코미디와 개그의 차이점

국립국어원에서는 코미디를 '웃음을 주조로 하여 인간과 사회의 문제점을 경쾌하고 흥미 있게 다루는 연극의 일종'이라 하였고, 개그를 '연극, 영화, 텔레비전 프로그램 따위에서 관객을 웃게 하기 위해 하는 대사나 몸짓'이라고 말하고 있습니다. 개그라는 용어를 처음 쓴 사람은 개그맨 전유성인데, 기존의 슬랩스틱 코미디와 다르게 말로만 웃기는 코미디언을 지칭하기 위해 만들었다고 합니다. 개그라는 단어는 우리나라에서만 쓰고 있습니다.

'개그'라는 단어를 만든 전유성
ⓒ 연합포토

4 좌절의 연속

그러던 어느 날, 재석은 운명처럼 한 장의 공고문을 보았습니다.

어린 시절부터 친구들에게 '재미있다'는 소리를 들었던 재석은 개그에 대한 자신감이 있었습니다.

두근 두근

그래, 이거야!
하늘이 내게
기회를 준 거야!

좌절의 연속

좌절의 연속 99

수고하셨습니다~

유재석, 너! 김국진, 박수홍이랑 동기지? 그 녀석들 반만이라도 좀 해라.

!

내 개그로 세상 사람 모두를 웃길 자신이 있었는데……. 근거 없는 자만심을 자신감으로 착각했던 걸까? 아이디어도 별로고, 카메라 앞에서 떨기나 하고…….

대학 개그제 때부터 이미 사람들은 내가 개그맨이 될 자질이 없다는 걸 알아챈 게 아닐까? 이제 어떻게 하면 좋지?

인물백과 4

만능 재주꾼 MC

재치 있는 말솜씨로 프로그램을 이끄는 유재석을 일컬어 '국민 MC'라 부릅니다. 그렇다면 MC란 무엇일까요? MC(Master of Ceremonies)는 행사나 좌담 프로그램 등을 맡아 진행하는 사람을 말합니다. MC는 프로그램에 출연한 사람들을 빛나게 해 줘야 하기에 상대의 움직임을 늘 관찰하고 자신보다는 다른 사람이 눈에 띄도록 도와줄 수 있어야 합니다. 유능한 MC는 출연자와 마음을 맞추고, 자료를 점검하여 프로그램 진행을 설계하며, 나만의 이야기를 가지면서도 겸손한 마음을 갖춰야 합니다. 특히 돌발 사태에 대처할 수 있는 유연한 태도를 지녀야 하기에 유머와 지성, 훌륭한 인터뷰 능력이 뒷받침되어야 합니다. 그럼 지금부터 시청자를 웃고 울린 대표 MC에는 누가 있는지 함께 알아볼까요?

TV 프로그램 MC는 다양한 연령대의 시청자에 맞춰 항상 바른말을 사용해야 합니다. ⓒ brizzle born and bred

하나   한국의 MC

송해

송해는 희극인 최초로 세종문화회관에서 공연하며 2012년 당시 최고령 콘서트 기록을 세웠습니다. ⓒ 연합포토

해주 음악 전문학교(현, 평양 음악대학) 성악과 출신인 송해(1927년~2022년)는 한국 전쟁 당시 휴전 협정을 알리는 모스 부호를 날린 당사자로도 알려졌습니다. 1955년 스물여덟 살 때 악극단에서 가수로 정식 데뷔한 뒤 다양한 예능을 쌓아 만능 엔터테이너로 성장한 송해는 여러 무대와 방송에 출연할 수 있게 되었습니다. 그리고 1988년, 예순하나의 나이에 맡은 KBS 〈전국 노래자랑〉을 34년간 진행하며 매주 일요일에 시청자를 만나 오다가 향년 95세의 나이로 별세했습니다.

허참

1970년, 서울의 한 음악다방에서 MC로 활동하던 허참(1949년~2022년)은 1972년 방송국 MC로 정식 데뷔하였습니다. 1984년에 첫 방송을 시작한 KBS 〈가족 오락관〉의 MC가 된 허참은 프로그램이 폐지된 2009년까지 진행을 맡았습니다. 출연자들이 두 팀으로 나눠 게임을 하면 허참이 게임 규칙을 설명하고 진행을 하는데, 프로그램 마지막에 점수를 확인하며 외쳤던 "몇 대 몇!"이 유행어가 되었습니다. 허참이 〈가족 오락관〉을 진행하며 MC로서 가진 신념은 바로 '감사'입니다. 늘 감사하는 마음으로 시청자의 사랑에 보답하고자 한눈팔지 않고 최선을 다했기에 25년이라는 오랜 세월 한 프로그램을 이끌 수 있었던 것입니다.

25년간 〈가족 오락관〉을 이끈 허참
ⓒ 연합포토

주병진

개그맨 MC 시대를 연 주병진(1959년~)은 중앙 대학교를 졸업하고 음악 카페 진행자로 일하던 1977년, 우연한 기회에 개그맨으로 데뷔했습니다. 〈젊음의 행진〉, 〈유머 일 번지〉 등에서 활동하다가 프로그램 단독 MC로 발탁되어 〈일요일 일요일 밤에〉, 〈주병진 나이트 쇼〉 등을 이끌며 1990년대에 전성기를 맞이했습니다. 잘생긴 외모와 특유의 재담으로 '개그계의 신사'라는 별명을 얻은 주병진은 방송 활동 틈틈이 카페와 속옷 전문 업체 등 사업을 펼쳤는데, 연 매출 1,600억 원을 달성하는 성과를 보이며 연예인 출신 사업가로도 활약했습니다.

개그맨 MC 시대를 연 '개그계의 신사' 주병진
ⓒ 연합포토

이경규

이경규(1960년~)는 1981년 MBC 개그 콘테스트에서 은상을 받으며 개그맨으로 데뷔했습니다. 다소 강한 인상과 사투리 섞인 발음 때문에 방송 출연에 어려움을 겪으며 무명 시절을

인물백과 4

보내야 했지만, 발음 교정 등의 노력을 통해 데뷔 5년 만에 신인상을 거머쥐며 도약의 발판을 마련했습니다. 이후 〈일요일 일요일 밤에〉의 한 코너인 '몰래카메라', '이경규가 간다' 등으로 큰 인기를 얻은 이경규는 지금까지도 각종 예능 프로그램에서 활발히 활동하고 있습니다. '예능계의 대부'라 불리는 이경규는 그동안 방송 3사 모두에서 연예 대상을 받는 등 원조 국민 MC로서 여전히 최고의 자리를 지키고 있습니다.

예능 프로그램의 눈부신 성장으로 MC의 역할이 중요해졌습니다. 과거에는 프로그램의 원활한 진행을 위해 아나운서나 기자 출신의 MC가 주를 이루었습니다. 그러나 요즘 들어 단순히 진행을 하는 것에 그치지 않고, 톡톡 튀는 입담과 재치 있는 행동으로 프로그램에 활력을 불어넣어야 하기에 개그맨 출신 MC가 활발히 활동할 수 있게 된 것입니다. 현재 이경규, 유재석을 비롯하여 강호동, 신동엽, 이휘재, 박명수, 정형돈, 유세윤 등 여러 개그맨이 MC로 종횡무진 활약하고 있습니다.

이경규는 〈복면달호〉, 〈전국 노래자랑〉 등을 연출한 영화감독이기도 합니다.
ⓒ 연합포토

둘 세계의 MC

바버라 월터스

1961년 NBC 〈투데이 쇼〉의 작가로 출발한 바버라 월터스(1929년~)는 미국 뉴스 최초의 여성 공동 진행자이자 여성 최초로 뉴스 단독 진행까지 맡았던 인물입니다. 1997년부터 ABC 토크쇼 〈더 뷰〉를 진행하게 된 바버라 월터스는 인터뷰 대상자에 대한 철저한 조사와 일에 대한 집념으로 정상의 자리에 올랐습니다. 바버라 월터스는 2014년 5월 여든다섯의 나이로 MC 자리에서 은퇴했지만, 프로그램 제작에 참여하는 등 여전히 왕성한 활동을 하고 있습니다.

미국 뉴스 최초로 여성 단독 진행을 맡았던 바버라 월터스 ⓒ Joella Marano from Manhattan, NY

래리 킹

래리 킹(1933년~2021년)은 정치인, 운동선수, 연예인 등을 상대로 40,000여 번의 인터뷰를 끌어낸 미국 최고의 토크 쇼 진행자입니다. 1950년대 라디오 진행자로 시작한 래리 킹은 1985년부터 CNN의 토크 쇼 〈래리 킹 라이브〉를 맡아 무려 25년간 진행했습니다. 커다란 뿔테 안경에 멜빵, 팔꿈치를 괴고 앉아 공격적인 질문을 던지는 모습은 '토크 쇼의 황제' 래리 킹의 트레이드마크가 되었습니다.

'토크 쇼의 황제' 래리 킹 ⓒ Petty Officer 1st Class Chad J. McNeeley.

오프라 윈프리

오프라 윈프리(1954년~)는 아홉 살 때 사촌에게 성폭행을 당하고 열네 살에 미혼모가 되는 등 불우한 어린 시절을 보냈습니다. 그러나 꿈을 이루겠다는 열정으로 모든 고난을 이겨 낸 오프라는 마침내 미국인이 가장 좋아하는 TV 쇼 진행자가 되었습니다. 1986년부터 2011년 5월까지 CBS에서 〈오프라 윈프리 쇼〉를 25년간 진행한 오프라는 백인 중심의 방송계에서 흑인 여성 진행자로서 성공하기 쉽지 않았지만, 특유의 유쾌함으로 미국을 넘어 전 세계 시청자에게 사랑을 받았습니다.

전 세계 시청자를 사로잡은 오프라 윈프리
ⓒ vargas2040, Cropped by OsamaK

라이언 시크레스트

라이언 시크레스트(1974년~)는 미국의 텔레비전 및 라디오 진행자입니다. 2002년 시작한 리얼리티 쇼 〈아메리칸 아이돌〉의 진행을 맡으며 경연 참가자들과 심사원들의 이야기를 적절히 조화시키며 프로그램이 성공하는 데 큰 몫을 했습니다. 라이언 시크레스트는 미국 연예 주간지 〈할리우드 리포터〉가 선정한 '2011 리얼리티 프로그램의 권위 있는 인물 50인'에서 1위를 차지하는 영광을 안기도 했습니다.

〈아메리칸 아이돌〉 진행을 맡아 큰 사랑을 받은 라이언 시크레스트 ⓒ Jyle Dupuis

5 작은 희망

작은 희망 111

* 폭소 가요제 여러 개그맨이 나와 세계적인 팝스타와 국내 가수를 흉내 내는 프로그램

'뉴 키즈 온 더 블록'은 1990년대 초 최고의 인기를 누렸던 미국의 보이 그룹으로, 자칫 잘못했다가는 뉴 키즈 온 더 블록의 열혈 팬들에게 곤욕을 치를 수도 있는 상황이었습니다.

하지만 뜻을 합친 재석과 동기들은 한마음 한뜻으로 연습에 돌입했습니다.

작은 희망

며칠 뒤,
〈폭소 가요제〉 녹화 날

밤낮을 가리지 않고 연습한 끝에 무대에 오른 재석과 동기들의 공연은 대성공이었습니다.
이 공연을 통해 재석은 조금이나마 자신감을 찾을 수 있었습니다.

작은 희망

카메라 공포증 때문에 하루하루 힘들어하던 재석은
잠들기 전 간절한 기도를 하며 마음을 다잡고는 했습니다.

작은 희망

KBS 코미디 대상 시상식에 오신 것을 환영합니다.

올 한 해 혜성처럼 나타나 대한민국을 웃긴 남자 신인상 후보를 발표하겠습니다.

김국진!

박수홍!

남희석!

양원경!

* **스포트라이트** 세상 사람의 주목이나 관심 받음을 비유적으로 이르는 말

작은 희망

재석은 *단기 사병의 신분으로 매일 군부대에 출퇴근했습니다.

낮에는 성실히 군 생활을 하고, 퇴근 후에는 개그 연습을 하며 스스로를 다잡았습니다.

제대를 명 받았기에, 이에 신고합니다. 충성!

이제 군대도 다녀왔으니, 진짜 어른이 된 거야. 더 이상 물러날 곳도 없어. 이 악물고 열심히 해 보자.

그리고 1996년 6월, 군 복무를 마친 재석은 세상에 다시금 발을 내디뎠습니다.

* **단기 사병** 신체 조건이 미달되거나 지역에 필요한 인원을 충당하기 위해 뽑는 제도, 일반 사병과 달리 집에서 출퇴근함

작은 희망

인 물
백 과 5

유재석의 모든 것

유재석은 프로그램을 위해 늘 온 힘을 쏟아 붓습니다. 자신이 망가지는 것을 두려워하지 않고 온몸이 땀범벅이 될 정도로 열심히 뜁니다. 그야말로 방송을 위해 태어난 것 같은 유재석, 지금부터 유재석에 대해 하나하나 알아볼까요?

하나 　유재석의 수상 경력

긴 무명 시절을 거쳐 대한민국 최고의 자리에 오르기까지, 유재석이 어떻게 성장했는지 수상 경력을 통해 알아봅시다.

유재석은 데뷔 후 많은 상을 받았습니다.
ⓒ 연합포토

1991년	제1회 KBS 대학 개그제 장려상
2003년	KBS 연예 대상 TV 진행 부문 최우수상
	MBC 방송 연예 대상 쇼 버라이어티 부문 최우수상
2004년	SBS 연기 대상 TV MC 부문 특별상
2005년	KBS 연예 대상 대상
2006년	MBC 방송 연예 대상 대상
	제42회 백상 예술 대상 TV 부문 남자 예능상
	제18회 한국 방송 프로듀서상 TV 진행자상
	제9회 푸른 미디어상 언어상
2007년	MBC 방송 연예 대상 대상
	제10회 푸른 미디어상 푸른 방송인상
2008년	MBC 방송 연예 대상 PD들이 뽑은 최고 프로그램상
	SBS 방송 연예 대상 대상
2009년	MBC 방송 연예 대상 대상
	SBS 연예 대상 대상
	제21회 한국 PD 대상 TV 진행자 부문 상

2010년   MBC 방송 연예 대상 대상
        MBC 우리말 지킴이 나무상
2011년   MBC 방송 연예 대상 쇼 버라이어티 부문 남자
        최우수상
        SBS 연예 대상 대상
2012년   MBC 방송 연예 대상 PD상
        SBS 연예 대상 대상/시청자가 뽑은 최고인기상
        제3회 대중 문화 예술상 국무총리 표창
2013년   제49회 백상 예술 대상 TV 부문 대상
2014년   KBS 연예 대상 대상
        MBC 방송 연예 대상 대상
        SBS 연예 대상 시청자가 뽑은 최고 인기상
2016년   MBC 방송 연예 대상 대상
2018년   제9회 대한민국 대중문화 예술상 대통령 표창
2019년   SBS 연예 대상 대상
2020년   제56회 백상 예술 대상 TV 부문 남자 예능상
        MBC 방송 연예 대상 대상
2021년   제57회 백상 예술 대상 TV 부문 대상
        MBC 방송 연예 대상 대상

유재석은 카레이싱 경주에 나가며 완주 상금을 기부하기로 약속했습니다. ⓒ Nascarking

비록 경주에서 완주하지는 못했지만, 유재석은 위안부 피해 할머니들의 보금자리인 '나눔의 집'에 약속한 상금만큼 후원했습니다. ⓒ MKT

둘 유재석의 선행

한 연예인이 '아름다운재단'에 기부를 하자 네티즌 한 명이 SNS를 통해 '유재석은 좀 배워라'라는 비난의 글을 남겼습니다. 이에 아름다운재단에서는 '유재석은 이미 오랜 기부자'라는 글을 남겼고, 이를 통해 유재석이 10년간 남모르게 기부를 하고 있었던 것이 알려졌습니다. 유재석의 선행은 늘 조용히 이루어졌습니다. 한 프로그램을 통해 우연히 유재석이 착용한 시계가 전파를 탄 적이 있는데,

유재석이 착용한 '커피콩 시계'는 판매 수익금의 일부가 태풍 피해 지역 등에 기부되는 의미 있는 시계입니다. ⓒ Mass Communication Specialist 3rd Class Dylan McCord

인물
백과 5

알고 보니 그 시계는 판매 수익금의 30퍼센트가 몽골 보육원과 필리핀 태풍 피해 지역 등지에 기부되는 의미 있는 시계였던 것입니다. 유재석을 통해 방송에 노출된 이후 이 시계는 명성을 얻으면서 많은 사람을 기부에 동참시켰습니다. 이런 일도 있었습니다. 한 TV 프로그램에서 카레이싱 경기에 출전하게 된 유재석은 탑승할 차량에 '나눔의 집' 문구를 새기고 완주 상금을 기부하기로 했습니다. 나눔의 집은 위안부 피해자 할머니들이 생활하는 곳으로, 유재석이 경기하는 동안 차에 새겨진 문구를 통해 많은 사람이 나눔의 집과 할머니들에게 주목할 좋은 기회였습니다. 하지만 불행히도 유재석은 경기 중 사고로 완주하지 못했습니다. 며칠 뒤, 유재석은 홀로 나눔의 집을 방문해 할머니들에게 아쉬운 마음을 전했고, 완주는 하지 못했지만 상금에 해당하는 후원금을 전달했습니다.
이처럼 오른손이 하는 일을 왼손이 모르게 하는 유재석의 선행은 비단 기부뿐만이 아니라, 평소 주변 사람에게 베푸는 세심한 친절과 배려에서도 나타난답니다.

〈영웅본색〉에 출연한 배우 저우룬파
ⓒ 연합포토

장궈룽은 〈영웅본색〉과 〈천녀유혼〉 등 여러 홍콩 영화에 출연해 큰 인기를 끌었습니다.
ⓒ Chureemfuo

셋 유재석과 영웅본색

'홍콩 누아르'는 1980년대 홍콩에서 만들어진 어둡고 우울한 분위기의 갱스터 액션 영화를 말합니다. 1986년 개봉한 영화 〈영웅본색〉은 당시 홍콩 사회의 불안감과 남자들의 우정과 의리, 배신과 증오를 감각적인 영상으로 담아내어 큰 인기를 끌었습니다. 이 영화에 출연한 저우룬파와 장궈룽은 단숨에 청소년들의 우상이 되었고, 〈영웅본색〉은 2편과 3편으로 이어졌습니다. 〈영웅본색〉을 시발점으로 한 홍콩 영화의 돌풍은 〈천녀유혼〉, 〈황비홍〉, 〈동방불패〉로 이어졌습니다.
유재석은 고등학생 시절, 학교 대표로 한 방송 프로그램에 출연해 콩트를 선보인 적이 있습니다. 당시 한창 유행했던 영화 〈영웅본색〉을 패러디한 것이었는데 자신의 재능을 충분히 발휘한 유재석은 좋은 반응을 얻었고, 이에 힘입어 송년 특집에까지 초청받는 영광을 누릴 수 있었습니다.

넷 유재석 어록

- 귀를 훔치지 말고, 가슴을 흔드는 말을 해라.
- 나오는 대로 다 말하지 마라. 채로 거르듯 곱게 말해도 불량품이 나오기 마련이다.
- 내가 하고 싶은 말보다 상대방이 진정 듣고자 하는 말을 해라.
- 말을 독점하면 적이 많아진다.
- 목소리의 톤이 높아질수록 뜻은 왜곡된다. 흥분하지 마라. 낮은 목소리가 힘이 있다.
- 무엇을 선택하느냐보다 선택 이후의 행동이 더 중요하다.
- 뻔한 이야기보다 펀(FUN)한 이야기를 해라.
- 앞에서 할 수 없는 말은 뒤에서도 하지 마라.
- 입술의 30초가 마음의 30년이 된다.
- 적게 말하고 많이 들어라. 들을수록 내 편이 많아진다.
- 칭찬에 발이 달렸다면, 험담에는 날개가 달려 있다.
- 혀를 다스리는 것은 나지만, 내뱉어진 말이 거꾸로 나를 다스린다.

유재석은 '말'에 관한 많은 어록을 남겼습니다.
ⓒ 연합포토

who? 지식사전

유재석처럼 재미있게 말하기

생활을 하다 보면, 많은 사람과 이야기를 나누어야 할 때가 있습니다. 이때, 유재석처럼 재미있게 말하려면 어떻게 해야 할까요?
- 상대의 특성에 알맞은 내용으로 말해야 합니다.
- 중요한 내용만 간단히 말해야 합니다.
- 상대를 바라보며 자신 있게 말해야 합니다.

하지만 무엇보다 중요한 건 사람들의 이야기를 잘 들어 주는 것입니다. 그래야 상대방의 처지에서 생각하고 말할 수 있기 때문입니다.

유재석처럼 재미있게 말하려면 우선 다른 사람의 이야기를 잘 들어 주는 것부터 시작해야 합니다. ⓒ 송은정

메뚜기 탈과 토크 박스

차츰 인정을 받아 가던 어느 날, 재석은 뜻밖의 캐릭터를 얻게 되었습니다.

그러던 어느 날, 연예 정보 프로그램의 고정 인터뷰 코너를 맡게 된 재석은 메뚜기 탈을 쓴 채 촬영을 하게 되었습니다.

으……
춥다, 추워.

촬영 준비 마칠 때까지 모두 불 쬐고 있어요.

배고프실 텐데, 간식 좀 드세요~

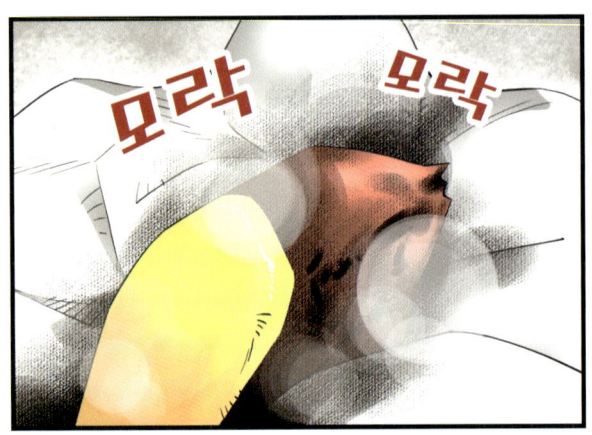

나도 저기로 갈까? 아니야, 내가 가면 다들 비웃을 거야.

재석은 추위와 배고픔에 떨었지만, 자격지심 때문에 차마 사람들 틈에 끼지 못했습니다.

하지만 재석은 그럴수록 더욱 마음을 다잡았습니다.

재석은 많은 연예인과의 인터뷰를 통해 재치 있는 말솜씨와 재미있는 춤을 선보이며 조금씩 주변의 인정을 받아갔습니다.

보통 방송 소품은 촬영 스태프들이 준비하는 것입니다.
하지만 아직 무명 개그맨에 불과했던 재석은
촬영 때마다 직접 메뚜기 탈을 가지고 다녀야 했습니다.

메뚜기 탈과 토크 박스

사람들은 그저 메뚜기 탈을 보고 신기해했을 뿐이지만, 재석에게는 사람들의 수군거림이 마치 자신의 처지를 비웃는 것처럼 느껴졌습니다. 그런데……

메뚜기 탈과 토크 박스 **137**

최악의 상황에서 사람들이 재석을 알아본 것입니다.

사람들이 재석을 알아본 건 재석이 개그맨으로 데뷔한 지 꼭 9년 만의 일이었습니다. 재석은 이날, 작은 희망을 발견했습니다.

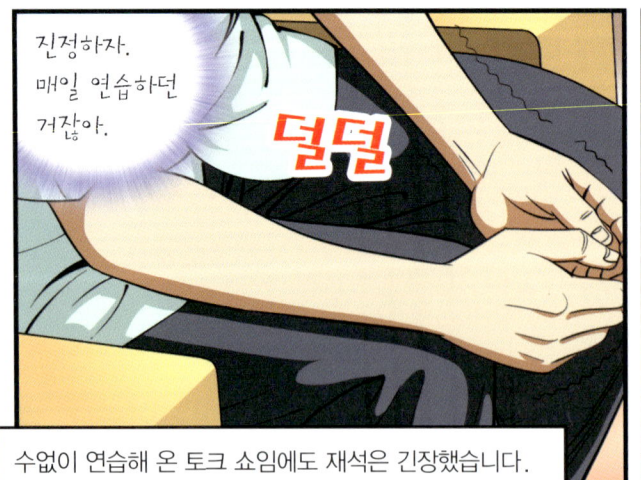

* **입담** 말하는 솜씨나 힘

* 〈스타 서바이벌 동거동락〉 2000년부터 2002년까지 방송된 서바이벌 예능 프로그램.
여러 연예인이 합숙을 하며 게임을 하는데, 결과에 따라
매주 한 명씩 탈락하는 형식

메뚜기 탈과 토크 박스

이제 더 이상 카메라 앞에서 덜덜 떨던 재석의 모습은 볼 수 없었습니다. 대신 많은 프로그램에서 자신의 끼를 마음껏 뽐내는, 자신감 넘치는 재석의 모습을 볼 수 있었습니다.

그리고 2003년

2003년 KBS 연예 대상 TV 진행 부문 남자 최우수상을 발표하겠습니다.

TV 진행 부문 남자 최우수상 후보

재석은 개그맨이 된 지 무려 10여 년 만에 처음으로 상을 받았습니다.
이 상을 통해 재석은 긴 무명의 설움을 날려 버릴 수 있었습니다.

인물백과 6

방송을 만드는 사람들

방송 프로그램 하나를 만들기 위해서는 다양한 직업을 가진 사람들이 모여 유기적으로 협력해서 움직여야 합니다. 그럼 지금부터 방송 프로그램이 어떤 사람들에 의해 만들어지고 있는지 알아볼까요?

프로그램 녹화 중 PD는 스튜디오를 내려다볼 수 있는 부조정실에서 영상, 음악, 조명 등을 조정합니다. ⓒ Jeff Maurone from Seattle, WA, USA

하나 방송 PD

PD는 Producer(제작)+Director(감독)가 합쳐진 단어로, 방송 프로그램 연출자를 일컫는 말입니다. 어떤 프로그램을 만들지 결정하는 기획부터 출연자의 연기 지도, 카메라 영상, 음향, 조명, 편집, 연출 등을 포함한 모든 제작 요소를 총괄 지시하고 감독하는 역할을 합니다.

PD의 종류에는 네 가지가 있습니다. 우선 FD(Floor Director)는 연출 제작진 보조를 말합니다. 촬영 현장을 정리하고, 촬영을 원활하게 진행해야 하기에 분위기 파악이 빨라야 하고 순발력도 좋아야 합니다. AD(Assistant Director)는 PD가 프로그램 연출에 전념할 수 있도록 준비를 돕는 조연출자를 말합니다. 출연자와 장소 섭외부터 출연자와 제작진의 일정을 확인해서 촬영 및 편집 스케줄을 미리 잡는 등 많은 일을 해내야 합니다. PD는 프로그램 연출자로, 프로그램을 기획하고 촬영하고 편집하는 등 하나의 프로그램을 처음부터 끝까지 맡아 제작합니다. CP(Chief Producer)는 프로그램을 맡은 PD들을 조율하고 관리하며 새로운 프로그램을 기획하는 책임 프로듀서입니다. PD로 활동하며 10년 정도 경력이 쌓여야 CP가 될 자격이 주어집니다.

스튜디오에 있는 AD와 FD는 머리에 인터컴을 쓰고 녹화 중 부조정실에 있는 PD와 의사소통을 합니다. ⓒ 셔터스톡

둘 방송 작가

방송국에는 프로그램마다 작가 팀이 구성되어 있습니다. 프로그램 특성에 따라, 작가의 경력과 역할에 따라 다양한 역할의 작가로 팀이 구성됩니다. 보통 한 팀에는 방송 경력이 제일 많은, 일명 '왕 작가'라 불리며 팀을 이끄는 중심 작가가 있고, 프로그램 중 하나 이상의 코너를 담당하고 있는 보조 작가와 프로그램에 필요한 여러 가지 자료를 수집하고 취재하는 자료 조사 작가로 구성되어 있습니다. 이외에 각종 새로운 아이디어를 전담하는 아이디어 작가, 출연자 섭외만 전문적으로 하는 섭외 작가 등이 있습니다.

프로그램 특성에 맞춰 방송 작가 팀이 구성됩니다.

셋 카메라 감독

카메라 감독은 촬영 현장에서 출연자의 숨소리까지 놓치지 않고 촬영합니다. 때로는 중계차를 타고 현장에 나가 스포츠 경기나 사건을 촬영하기도 합니다. 말이 아닌 영상으로 보여 주어야 하기에 카메라 감독은 촬영 중 어떤 돌발 상황이 닥치더라도 자기 몸보다 카메라를 먼저 챙기는 투철한 직업의식이 필요합니다. 프로그램 연출자와 작가의 의도를 이해하고 그에 적합하게 촬영을 해야 하기 때문에 카메라 감독은 평소 다양한 분야에 관심을 두고 연구해야 합니다. 또한 같은 내용의 촬영이라도 자신만의 독특한 영상으로 찍어야 하기에 창의력과 미적 감각을 길러야 합니다.

경기장에서 현장의 모습을 카메라에 담고 있는 카메라 감독 ⓒ Original uploader was Ajtruhan at en.wikipedia

지미집 카메라. 높은 곳에서 아래쪽을 촬영할 때 사용합니다. ⓒ Morningfrost

넷 방송 영상 디자이너

방송 영상 디자이너는 컴퓨터 그래픽을 이용해서 방송 화면에 풍성한 볼거리를 제공합니다. 프로그램의 얼굴이라 할 수 있는 타이틀을 제작하고 프로그램 내용에 따라 합성을 하거나 화면 일부를 지우는 작업 등을 하는데, 출연자가 재미없는 농담을 했을 때 화면에 얼음을 타는 펭귄이 나타난다거나 흥분한 출연자 머리 위로 김이 모락모락 나게 하는 등의 작업이 모두 방송 영상 디자이너의 손에서 나온 것입니다. 방송 영상 디자이너가 되기 위해서는 디자인 감각과 창의력이 있어야 하고, 일의 특성상 공동 작업이 많기에 단체 생활을 무리 없이 할 수 있는 원만한 대인 관계 능력이 필요합니다.

방송 화면을 더욱 재미있게 꾸며 주는 방송 영상 디자이너 ⓒ University of the Fraser Valley

다섯 의상 전문가

의상 전문가는 방송용 의상을 담당합니다. 보통은 출연자 전원의 의상을 담당하지만, 인기 연예인들은 대부분 개인 의상 전문가를 두어 따로 준비하는 경우도 있습니다. 요즘은 의상만이 아니라, 작은 액세서리부터 머리 모양과 화장까지 함께 담당하는 추세로 바뀌고 있습니다. 의상을 담당하는 만큼 패션 감각이 뛰어나야 하는 것은 물론, 프로그램의 특성과 해당 인물의 성격 등 주어진 환경에 맞게 의상을 준비해야 하므로 분석력을 길러야 합니다.

의상 전문가는 인물의 성격과 시대별 특성 등에 맞게 의상을 준비해야 합니다.
ⓒ KOREA.NET – Official page of the Republic of Korea

여섯 분장사

방송용 분장은 아름다움을 추구하는 일반 화장과 달리 카메라와 조명 앞에서 출연자의 얼굴이나 몸이 효과적으로 드러날 수 있도록 다소 과장되어 보이게 하는 화장입니다. 분장사는 인물의 성격에 맞는 특징을 잘 보여 줄 수 있도록 화장을 해 주어야 하는데 20대 젊은이를 80대 노인으로, 건강한 사람을 죽음을 앞둔 환자처럼 보이게 하는 특수 분장을 해야 하는 경우도 있습니다. 반나절이 넘는 작업을 해야 하는 경우도 있고, 많은 사람을 단시간에 분장해 줘야 하기에 미적 감각은 물론, 눈썰미와 체력, 빠른 손놀림을 갖추어야 합니다.

분장사는 인물의 성격을 잘 드러내 줄 수 있어야 합니다.

일곱 무대 디자이너

무대 디자이너는 말 그대로 방송할 무대를 디자인합니다. 프로그램의 특성과 무대를 설치할 장소, 제작비를 고려해 가장 효과적인 무대를 디자인하고 무대 장치를 고안해 내야 합니다. 출연자가 돋보일 수 있는 조화로운 무대를 만들어야 하기에 예술적인 감각이 뛰어나야 하고, 출연자와 제작진의 안전을 위해 무엇보다 안전 의식이 있어야 합니다.

무대 디자이너는 출연자가 돋보일 수 있도록 무대를 만들어야 합니다. ⓒ KlickingKarl

여덟 로케이션 매니저

로케이션 매니저는 드라마, 영화, 광고의 내용과 형식에 맞는 촬영 장소를 찾아 섭외하는 전문가입니다. 촬영 장소 섭외뿐만 아니라 촬영팀이 최대한 빨리 촬영할 수 있도록 장소 이동 순서를 계획하고, 촬영지가 지방일 경우 제작진의 숙소까지 섭외해야 합니다. 촬영하기 좋은 장소를 미리미리 알아봐 두어야 하기에 여행을 좋아하는 사람에게 어울리는 직업입니다.

로케이션 매니저는 평소 야외 촬영에 적합한 장소를 발굴해 두어야 합니다. ⓒ mcdri86

7 말하는 대로

"토크쇼에 처음 출연하는 따끈따끈한 신인 개그맨, 김동철 씨 나오셨습니다."

재석은 2003년 〈해피 투게더〉와 2004년 〈놀러와〉를 통해 MC로서의 능력을 한껏 발휘했습니다.

"아, 안녕하세요. 개, 개그맨 시, 신인 김, 김동……"

"김동철 씨, 그렇게 너듬거리면 어떡해요!"

"떠, 떨려서 그만……."

많은 사람에게 인정받고 최고의 인기를 누리는 자리에 올랐지만, 재석은 안주하지 않았습니다.

이 세상에는 조각처럼 예쁘게 생긴 사람들과 슈퍼맨처럼 뭐든 잘하는 사람들만 살지는 않아.

나처럼 조금은 부족한 사람들이 모여 함께 하는 프로그램이 있으면 좋을 텐데…….

재석의 바람은 통했고, 새로운 프로그램을 맡을 기회가 주어졌습니다.

보통 사람보다 뚱뚱한, 보통 사람보다 못생긴, 보통 사람보다 허약한 사람들이 모여

저도 그런 생각을 하던 참이었어요. 제가 한번 해 보겠습니다.

무엇이든 도전하는 프로그램을 계획 중입니다.

이후에도 재석은 여러 프로그램을 성공시키며 승승장구했습니다.

하지만 이런 재석에게도 어려움은 있었습니다.

2010년, 새로 시작한 예능 프로그램 〈런닝맨〉의 시청률이 높지 않자 이는 곧 재석의 위기론으로까지 번졌습니다.

내 모자람이 프로그램에까지 영향을 미치는 것 같아.

who?와 함께라면 미래가 보인다

어린이 진로 탐색

개그맨

어린이 친구들, 안녕?

여러분에게는 꿈이 있나요?
없다면 무엇을 할 때 가장 흥미롭나요?

사람은 누구나 일을 하면서 살아가요. 그런데 그 일이 자기가
잘하고, 좋아하는 것이라면 그만큼 행복한 것도 없을 거예요.

그렇기 때문에 어린이 때부터 자신의 능력과 적성을 파악하고,
그에 맞는 진로를 찾아보는 것이 중요하답니다.

다양한 직업에 대해 알면,
자신의 진로를 찾기도 수월하겠지요?

지금부터 **개그맨**이 어떤 직업인지 알아보고,
그와 관련된 다양한 직업에 대해서도 함께 살펴보도록 해요.

여러 가지 진로와 직업 이야기 속에서 여러분의 관심과 흥미를
발견하고, 나만의 꿈을 찾아보세요!

STEP 1부터 STEP 5까지 따라가 보아요.

직업 이해 · 자기 발견 · 직업 확장 · 진로 탐색 · 진로 퀴즈

진로 탐색 STEP 1

개그맨에 대해 알아볼까요?

개그맨은 방송이나 공연장에서 재치 있는 말과 우스꽝스러운 몸짓으로 사람들에게 웃음을 주는 사람을 말해요. 남자는 개그맨, 여자는 개그우먼이라고 부르지요. 개그맨이 되려면 어떻게 해야 할까요? 대학의 연극영화과나 코미디 연기학과에서 교육을 받으면 도움이 돼요. 혹은 극단에서 연기 경험을 쌓는 방법도 있지요. 교육과 경험을 통해 어느 정도 개그에 자신이 생겼다면, 방송사 개그맨 시험에 응시해 합격하면 개그맨이 될 수 있어요.

하지만 개그맨이 되었다고 해서 안심하면 안 돼요. 더욱 중요한 일이 남았거든요. 시시때때로 변하는 사람들의 관심사를 이해하고, 정치·사회·경제·문화·예술 등 다방면의 상식을 끊임없이 연구해야 신선한 재미와 웃음을 줄 수 있어요.

자신의 목소리로 다른 사람의 목소리나 동물의 소리를 흉내 내는 성대모사, 영화나 드라마 등의 이야기를 익살스럽게 풍자해 내는 패러디, 우스꽝스럽게 넘어지는 등의 몸 개그로 사람들을 웃기는 슬랩스틱, 무대에 서서 입담을 뽐내는 스탠딩 개그 등 개그에는 다양한 종류가 있습니다.

✱ 개그의 종류에 대해 더 자세히 알아보고, 나는 어떤 개그를 잘할 수 있을지 생각해 보세요.

재미있는 개그 프로그램을 보며 웃다 보면 어느새 스트레스가 풀리는 것을 느낄 수 있어요. 하지만 이런 큰 웃음을 주기 위해 개그맨들은 밤낮없이 아이디어 회의를 하며 조금이라도 더 즐거움을 줄 수 있도록 노력하고 있지요. 우리가 보는 개그 프로그램 코너 하나하나가 여러 사람이 낸 아이디어들을 추리고 추려 그중에서도 가장 재미있는 것에 살을 붙이고 다듬은 뒤에 최종적으로 선택된 것들이랍니다.

✱ 여러분이 이 회의에 참석한다면, 어떤 아이디어를 내고 싶은가요?
아이디어를 선택한 이유도 말해 보세요.

아무리 많은 준비를 하고, 연습한다 해도 여러 관객 앞에서 공연하다 보면 예기치 않은 실수나 사고가 일어나기 마련이에요.
웃음이 터질 것이라 예상한 곳에서 관객이 웃지 않자 당황한 개그맨이 다음 대사를 잊어버린다거나 공연 중 무대 세트에 걸려 넘어진다거나 흥이 난 관객이 무대 위로 뛰어 올라온다거나 하는 일이 벌어지기도 해요.
하지만 이런 상황에서 어떻게 대처하느냐에 따라 위기가 될 수도, 기회가 될 수도 있지요.

✱ 여러분이 공연을 하던 중 느닷없이 무대 위로 올라온 관객과 마주하게 된다면, 이 상황을 어떻게 대처할지 말해 보세요.

진로 탐색 STEP 2

개그맨에 대해 얼마나 알고 있나요?

평소 여러분은 개그맨에 대해 어떤 생각을 하고 있었나요?
유재석은 아주 어린 나이부터 자신의 재능을 알게 되었고, 재능을 살릴 수 있는 진로를 선택했습니다. 그리고 최고가 되기 위해서 온 힘을 다했지요.
자, 이제부터 개그맨이라는 직업에 대한 여러분의 생각을 써 보고, 관련 직업을 탐색해 봅시다. 자신에 대해 정확히 아는 것은 진로 선택에 큰 도움이 돼요.

유재석

"친구들이 내 농담을 듣고 웃을 때 정말 기뻐."

"TV에 나오는 개그맨은 정말 웃겨. 나도 저렇게 사람들을 웃기는 개그맨이 되고 싶어."

1 내가 제일 좋아하고 잘하는 것은 무엇일까?

나의 생각

1. 리포터
2. 배우
3. 공연기획자
4. MC

2 관련 직업에는 어떤 게 있을까?

여러분, 반드시 지금 당장 직업을 선택 못할 수도 있어요. 그럴 때는 만약 내가 이 직업을 선택하면 어떤 노력을 해야 할지 생각해 보세요.

"부모님은 안정된 직장에 갈 수 있도록 관련 학과에 진학하기를 원하시지만, 내 꿈은 오직 하나야. 최고의 개그맨이 되고 싶어."

"공포증 때문에 카메라 앞에 서는 게 두렵지만, 극복해 내야 해."

"숨 가쁘게 변하는 세상의 흐름에 맞춰 사람들에게 신선한 웃음과 감동을 주려면 끊임없이 공부해야 해."

"최고의 자리에 올랐다고 자만하면 안 돼. 내가 이 자리에 있기까지 여러 사람의 도움을 받았으니, 나도 그 도움에 대해 보답해야 해."

3
그래! 미래의 내 직업을 결정했어.

4
내 꿈을 위해 어떤 노력을 해야 할까?

진로 탐색 STEP 3

개그와 관련된 직업에 대해 알아볼까요?

신인 시절, 유재석은 뛰어난 유머 감각을 지니고 있었지만 '카메라 공포증'이 그의 발목을 잡았어요. 연습 때는 누구보다 잘했지만, 카메라 앞에만 서면 말을 더듬어 촬영을 망치고는 했지요. 이 때문에 단역으로 점점 밀려났고, 최고의 개그맨이 되겠다는 꿈과 점점 멀어지는 자신의 모습을 보며 낙심하고 좌절하기도 했어요.

하지만 유재석은 꿈을 포기하지 않고 온 힘을 다했어요. 재치 있는 입담을 살려 리포터로 활동하며 카메라에 익숙해지려 노력했고, 뉴스나 책을 찾아보며 상식을 쌓았어요. 이때의 경험들은 훗날 유재석이 국민 MC로 발돋움할 수 있게 해 주었지요.

이처럼 재치 있는 입담과 유머 등 개그감을 지닌 사람들은 다양한 분야에서 일할 수 있어요. TV 쇼와 각종 연예 프로그램의 진행을 맡을 수도 있고, 코믹함을 살려 드라마와 영화에 출연하는 등 영역의 구분 없이 엔터테이너로서 활동할 수 있지요.

✱ 아래의 다양한 직업과 개그를 연관시켜 생각해 봅시다.

| 분장사 | 건축가 | 편집자 | 디자이너 |
| 무용가 | 의사 | 프로그래머 | 교사 |

예: 개그맨이 하는 역할에 맞춰 남자를 여자로, 사람을 동물로, 어른을 아이로 만들어 줄 수 있어요.

MC

행사나 오락 프로그램 등을 맡아 진행을 주도하는 사람을 MC라고 해요. MC는 프로그램에 출연한 사람들을 이끌어야 하고, 자료 점검과 연구를 통해 프로그램 진행 방향을 설계할 수 있어야 하지요. 특히 돌발 사태에 대처할 수 있는 유연한 태도를 지녀야 하기에 순발력과 유머, 지성이 뒷받침되어야 한답니다.

웃음 치료사

웃음 치료사는 일상의 재미있는 경험이나 표현들을 이용해 사람들의 건강을 증진시키고 마음을 달래 주는 활동을 해요. 즉 성적이나 취업, 대인관계에서 오는 불안과 갈등이 많은 요즘 사람들에게 웃음과 미소를 통해 자신감과 긍정적인 마음가짐을 갖도록 만들어 주고, 더불어 몸이 건강해지도록 돕는 일을 합니다.

쇼핑 호스트

홈쇼핑 방송을 보면서 어느 순간 '저건 꼭 사야 해!'라는 생각을 해 본 적이 있을 거예요. 제품의 사용법과 왜 사야만 하는지를 조리 있게 말하며 방송을 이끄는 사람을 쇼핑 호스트라고 해요. 방송에서 소개할 판매 상품의 정보를 숙지하고, 특성을 파악한 뒤 직접 사용해 상품의 기능을 확인하는 등 홈쇼핑 방송 전 쇼핑 호스트가 해야 할 일이 정말 많답니다.

배우

배우는 늘 새로운 역할을 연기해야 해요. 그래서 극 중 인물의 성격을 정확히 파악하고 그에 맞는 목소리나 말투, 표정, 행동거지 등의 개성을 살려 연기할 수 있어야 하지요. 그러려면 평소에도 사람들을 관찰하고 분석해 특징을 찾아내는 연습이 필요합니다.

다양한 직업을 체험해 보아요.

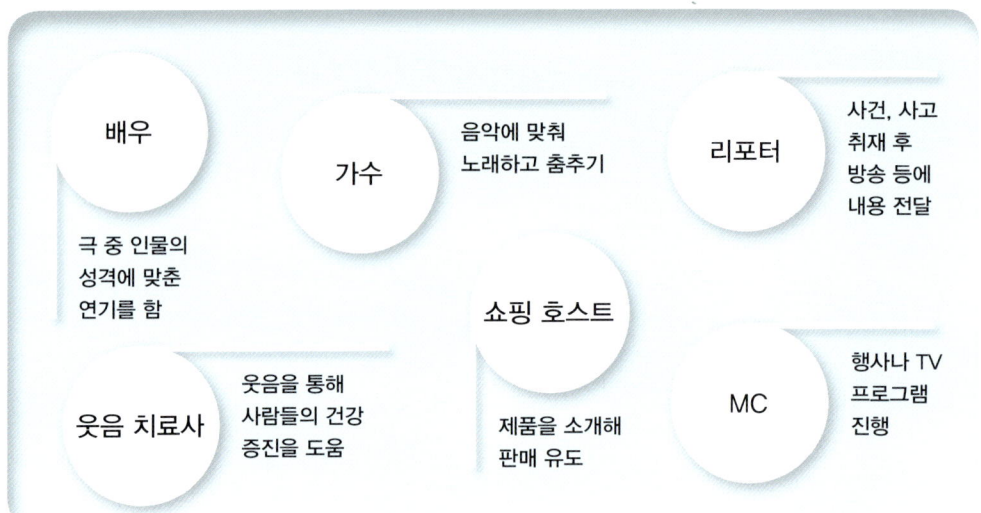

- 배우: 극 중 인물의 성격에 맞춘 연기를 함
- 가수: 음악에 맞춰 노래하고 춤추기
- 리포터: 사건, 사고 취재 후 방송 등에 내용 전달
- 웃음 치료사: 웃음을 통해 사람들의 건강 증진을 도움
- 쇼핑 호스트: 제품을 소개해 판매 유도
- MC: 행사나 TV 프로그램 진행

어린이 여러분, 개그와 관련한 직업이 참 다양하지요? 다양한 직업에 대해서 알았다면 이제 자신의 진로에 대해 생각해 보아야 해요. 개그와 관련한 진로를 정했다면, 구체적으로 어떤 직업이 좋을지 선택할 수 있어야겠지요?
두 친구가 하는 말을 보고, 진로를 추천해 봅시다. 이유도 함께 말이에요.

용훈

얼마 전에 학교에서 위인전을 읽고 느낀 점을 발표한 적이 있었어. 그냥 말로만 하는 건 재미없을 것 같아서 위인전에 나오는 인물로 변신해 발표를 했지. 그랬더니 사람들이 재미있다고 좋아해 주어서 정말 기뻤어.

민지

친구와 싸워 기분이 좋지 않은 짝꿍에게 어제 TV에서 봤던 개그맨의 흉내를 똑같이 내주었어. 그랬더니 화가 나 찡그리고만 있던 친구가 밝게 웃더라고. 친구의 미소를 보는 내내 정말 행복했어.

OK! 직업을 많이 알수록 진로 선택의 폭도 넓어지지요.

공연 기획자

최근 여가 활동에 대한 인식이 바뀌면서 콘서트, 뮤지컬 등 문화생활에 대한 수요가 늘고 있어요. 한편으로는 지방 자치 단체나 기업에서 이미지 향상과 고객 유치 등의 목적으로 공연 및 전시를 하고 있어 공연 기획자를 필요로 하는 곳이 많아졌답니다.

공연 기획자란, 공연을 계획하고 제작 지원하며 홍보하고 현장을 운영 조정하는 기획자를 말해요. 연극이나 뮤지컬 쪽에 관심이 많다면 연극영화학과나 음악 관련 학과에, 전시 쪽에 관심이 많다면 미술학과나 문화 콘텐츠학과에 진학해 공부하는 것이 도움이 돼요.

공연 기획자는 장소와 무대, 특수효과 등 공연을 이루는 하나하나의 요소까지도 모두 신경 써야 하기 때문에 꼼꼼한 생활 태도를 길러야 하고 기획부터 실행까지 이끌어갈 수 있는 진취력이 있어야 한답니다.

톡talk 톡talk 진로 퀴즈!

1 다음 문장이 맞으면 O, 틀리면 X에 표시하세요.

(1) 개그맨은 재치 있는 말로 사람들에게 웃음을 줍니다.

(2) 다른 사람의 목소리를 흉내 내는 것을 패러디라고 합니다.

(3) 몸 개그로 사람들에게 재미를 주는 것을 슬랩스틱이라고 합니다.

(4) 사람들을 웃기는 데에 시사 상식은 필요 없습니다.

2 영화나 드라마 등의 이야기를 익살스럽게 풍자해 내는 개그를 무엇이라고 할까요?

① 허무 개그
② 패러디
③ 스탠딩 개그
④ 호통 개그
⑤ 만담

3 나는 누구일까요?

(1) 나는 재미있는 경험이나 표현들을 이용해 사람들의 병든 마음을 치유해 줍니다.
(2) 나는 일상에 지친 사람들에게 긍정적인 마음가짐을 갖도록 해 주고, 자신감을 북돋워 줍니다.
(3) 나는 사람들이 건강한 몸을 만들 수 있도록 도와줍니다.

✱ [4~5] 주어진 단어들과 연관 있는 직업을 골라 보세요.

| 분장사 | 배우 | 쇼핑 호스트 |
| 리포트 | MC | 공연 기획자 |

4 연극, 콘서트, 전시회, 문화생활, 이미지 향상, 기획

---

5 제품의 사용법, 홈쇼핑, 판매, 구매 유도

답 1 (1) ○ (2) ○ (3) X (4) X 2 ② 3 웃음 치료사 4 공연 기획자 5 쇼핑 호스트

유재석

1972년	8월 14일 서울에서 태어났습니다.
1991년 20세	〈제1회 KBS 대학 개그제〉 장려상을 받고 개그맨 공채 7기로 데뷔했습니다.
1994년 23세	군에 입대했습니다.
1997년 26세	제대 후 〈코미디 세상만사〉에 출연했습니다.
1999년 28세	〈토크 박스〉에서 활약하며 주목을 받았습니다.
2000년 29세	〈스타 서바이벌 동거동락〉에서 첫 MC를 맡았습니다.
2001년 30세	〈느낌표〉와 〈슈퍼TV 일요일은 즐거워〉에서 MC를 맡았습니다.
2003년 32세	〈해피 투게더〉 '쟁반 노래방', 〈슈퍼TV 일요일은 즐거워〉 '위험한 초대'에서 MC를 맡으며 활약했습니다. KBS 연예 대상 TV 진행 부문 최우수상을 받았습니다.
2004년 33세	〈일요일이 좋다〉 'X맨을 찾아라', 〈공감 토크 쇼 놀러와〉의 MC를 맡았습니다.
2005년 34세	〈무모한 도전〉, 〈무리한 도전〉을 거쳐 〈무한도전〉에서 MC를 맡았습니다. KBS 연예 대상에서 대상을 받았습니다.
2006년 35세	〈일요일이 좋다〉 'NEW X맨'에서 MC를 맡았습니다. MBC 방송 연예 대상에서 대상을 받았습니다.
2008년 37세	〈일요일이 좋다〉 '패밀리가 떴다'에서 MC를 맡아 큰 인기를 끌었습니다. SBS 방송 연예 대상에서 대상을 받았습니다.

2009년 38세	MBC 방송 연예 대상과 SBS 연예 대상에서 대상을 받았습니다.	
2010년 39세	〈일요일이 좋다〉 '런닝맨'에서 MC를 맡아 지금까지 인기를 지켜 오고 있습니다. MBC 방송 연예 대상에서 대상을 받았습니다.	
2011년 40세	SBS 연예 대상에서 대상을 받았습니다.	
2012년 41세	SBS 연예 대상에서 대상을 받았습니다.	
2014년 43세	KBS 연예 대상, MBC 연예 대상에서 대상을 받았습니다.	
2015년 44세	SBS 연예 대상에서 대상을 받았습니다.	
2016년 45세	MBC 방송 연예 대상에서 대상을 받았습니다.	
2018년 47세	제9회 대한민국 대중문화 예술상에서 대통령 표창을 받았습니다.	
2019년 48세	SBS 연예 대상에서 대상을 받았습니다.	
2020년 49세	제56회 백상 예술 대상 TV 부문 남자 예능상을 받았습니다. MBC 방송 연예 대상에서 대상을 받았습니다.	
2021년 50세	제57회 백상 예술 대상 TV 부문 대상을 받았습니다. MBC 방송 연예 대상에서 대상을 받았습니다.	
2022년 51세	SBS 연예 대상에서 대상을 받았습니다.	
2023년 52세	여러 예능 프로그램에서 MC로 활약하고 있습니다.	

찾아보기

ㄱ
〈개그 콘서트〉 80
개그 81
광대 80

ㄴ
낙동강 페놀 오염 사건 84
뉴 키즈 온 더 블록 113

ㄹ
라이언 시크레스트 105
래리 킹 105
〈런닝맨〉 59
레퍼토리 78
로케이션 매니저 155

ㅁ
마임 78
무대 디자이너 155

ㅂ
바버라 월터스 104
방송 PD 152
방송 영상 디자이너 154
방송 작가 153
배삼룡 80
분장사 154

ㅅ
송해 102
쇼 비디오자키 79
스포트라이트 121
슬랩스틱 78
심형래 47, 81

ㅇ
〈영웅본색〉 67, 128
오프라 윈프리 105
〈웃으면 복이 와요〉 78
〈유머 일 번지〉 79
의상 전문가 154
이경규 103
이주일 81
입담 147

ㅈ
장궈룽 67, 128
저우룬파 67, 128
전유성 81
주병진 103

ㅊ
찰리 채플린 78

ㅋ
카메라 감독 153
코미디 78, 81
코미디언 80
콩트 66

ㅎ
허참 103

MC 102

who? 한국사

초등 역사 공부의 첫 단추! '인물'을 알아야 시대가 보인다

● 선사·삼국 ● 남북국 ● 고려 ● 조선 ● 근대

01 단군·주몽	13 견훤·궁예	25 조광조	37 김정호·지석영
02 혁거세·온조	14 왕건	26 이황·이이	38 전봉준
03 근초고왕	15 서희·강감찬	27 신사임당·허난설헌	39 김옥균
04 광개토 대왕	16 묘청·김부식	28 이순신	40 흥선 대원군·명성 황후
05 진흥왕	17 의천·지눌	29 광해군	41 허준
06 의자왕·계백	18 최충헌	30 김홍도·신윤복	42 선덕 여왕
07 연개소문	19 공민왕	31 정조	43 윤봉길
08 김유신	20 정몽주	32 김만덕·임상옥	44 안중근
09 대조영	21 이성계·이방원	33 정여립·홍경래	45 유관순
10 원효·의상	22 정도전	34 박지원	46 을지문덕
11 장보고	23 세종 대왕	35 정약용	
12 최치원	24 김종서·세조	36 최제우·최시형	

※ who? 한국사(전 46권) | 대상 초등학교 전 학년 | 책 크기 188×255 | 각 권 페이지 190쪽 내외

who? 인물 중국사

인물로 배우는 최고의 역사 이야기

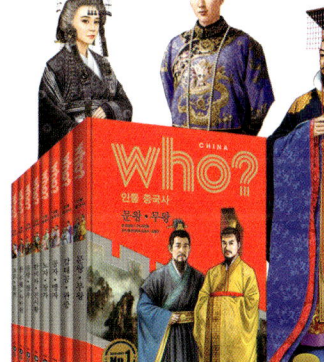

01 문왕·무왕	09 제갈량·사마의	17 주원장·영락제	25 루쉰
02 강태공·관중	10 왕희지·도연명	18 정화	26 장제스·쑹칭링
03 공자·맹자	11 당 태종·측천무후	19 강희제·건륭제	27 마오쩌둥
04 노자·장자	12 현장 법사	20 임칙서·홍수전	28 저우언라이
05 한비자·진시황	13 이백·두보	21 증국번·호설암	29 덩샤오핑
06 유방·항우	14 왕안석·소동파	22 서 태후·이홍장	30 시진핑
07 한 무제·사마천	15 주희·왕양명	23 캉유웨이·위안스카이	
08 조조·유비	16 칭기즈 칸	24 쑨원	

※ who? 인물 중국사(전 30권) | 대상 초등학교 전 학년 | 책 크기 188×255 | 각 권 페이지 190쪽 내외

who? 아티스트

최고의 명작을 탄생시킨 아티스트들을 만나다

● 문화·예술·언론·스포츠

01 조앤 롤링	11 김연아	21 강수진	31 우사인 볼트
02 빈센트 반 고흐	12 오드리 헵번	22 마크 트웨인	32 조성진
03 월트 디즈니	13 찰리 채플린	23 리오넬 메시	33 마리아 칼라스
04 레오나르도 다빈치	14 펠레	24 이사도라 덩컨	34 오귀스트 로댕
05 오프라 윈프리	15 레프 톨스토이	25 앤디 워홀	35 오리아나 팔라치
06 마이클 잭슨	16 버지니아 울프	26 백남준	36 프레데리크 쇼팽
07 코코 샤넬	17 마이클 조던	27 마일스 데이비스	37 시몬 드 보부아르
08 스티븐 스필버그	18 정명훈	28 안도 다다오	38 존 레넌
09 루트비히 판 베토벤	19 한스 크리스티안 안데르센	29 조지프 퓰리처	39 밥 말리
10 안토니 가우디	20 미야자키 하야오	30 프리다 칼로	40 파블로 피카소

※ who? 아티스트(전 40권) | 대상 초등학교 전 학년 | 책 크기 188×255 | 각 권 페이지 190쪽 내외

who? 인물 사이언스

기술로 세상을 발전시킨 과학자들의 이야기

● 과학·탐험·발명
- 01 알베르트 아인슈타인
- 02 스티븐 호킹
- 03 루이 브라유
- 04 찰스 다윈
- 05 제인 구달
- 06 장 앙리 파브르
- 07 마리 퀴리
- 08 리처드 파인먼
- 09 어니스트 섀클턴
- 10 루이 파스퇴르
- 11 조지 카버
- 12 아멜리아 에어하트
- 13 알렉산더 플레밍
- 14 그레고어 멘델
- 15 칼 세이건
- 16 라이너스 폴링
- 17 빌헬름 뢴트겐
- 18 벤저민 프랭클린
- 19 레이철 카슨
- 20 김택진

● 공학·엔지니어
- 21 래리 페이지
- 22 스티브 잡스
- 23 빌 게이츠
- 24 토머스 에디슨
- 25 니콜라 테슬라
- 26 알프레드 노벨
- 27 손정의
- 28 라이트 형제
- 29 제임스 와트
- 30 장영실
- 31 알렉산더 그레이엄 벨
- 32 카를 벤츠
- 33 마이클 패러데이
- 34 루돌프 디젤
- 35 토머스 텔퍼드
- 36 일론 머스크
- 37 헨리 포드
- 38 헨리 베서머
- 39 앨런 튜링
- 40 윌리엄 쇼클리

※ who? 인물 사이언스 (전 40권) | 대상 초등학교 전 학년 | 책 크기 188×255 | 각 권 페이지 180쪽 내외

who? 세계 인물

만화로 만나는 세상을 바꾼 위대한 인물들의 이야기

● 정치 ● 경제 ● 인문 ● 사상
- 01 버락 오바마
- 02 힐러리 클린턴
- 03 에이브러햄 링컨
- 04 마틴 루서 킹
- 05 윈스턴 처칠
- 06 워런 버핏
- 07 넬슨 만델라
- 08 앤드루 카네기
- 09 빌리 브란트
- 10 호찌민
- 11 체 게바라
- 12 무함마드 유누스
- 13 마거릿 대처
- 14 앙겔라 메르켈
- 15 샘 월턴
- 16 김대중
- 17 드와이트 아이젠하워
- 18 김순power
- 19 아웅산수찌
- 20 마쓰시타 고노스케
- 21 마하트마 간디
- 22 헬렌 켈러
- 23 마더 테레사
- 24 알베르트 슈바이처
- 25 임마누엘 칸트
- 26 로자 룩셈부르크
- 27 카를 마르크스
- 28 노먼 베순
- 29 존 메이너드 케인스
- 30 마리아 몬테소리
- 31 피터 드러커
- 32 왕가리 마타이
- 33 마거릿 미드
- 34 프리드리히 니체
- 35 이종욱
- 36 지크문트 프로이트
- 37 존 스튜어트 밀
- 38 하인리히 슐리만
- 39 헨리 데이비드 소로
- 40 버트런드 러셀

※ who? 세계 인물 (전 40권) | 대상 초등학교 전 학년 | 책 크기 188×255 | 각 권 페이지 180쪽 내외

who? 스페셜 · K-pop

아이들이 가장 만나고 싶고, 닮고 싶은 현대 인물 이야기

스페셜
- 유재석
- 류현진
- 박지성
- 문재인
- 안철수
- 손석희
- 노무현
- 이승엽
- 손흥민
- 추신수
- 박항서
- 박종철·이한열
- 노회찬
- 봉준호
- 도티
- 흔트부부
- 페이커
- 엔초 페라리 & 페루치오 람보르기니
- 제프 베이조스
- 권정생
- 김연경
- 조수미
- 오타니 쇼헤이
- 킬리안 음바페

K-pop
- 보아
- BTS 방탄소년단
- 트와이스
- 아이유
- 블랙핑크

※ who? 스페셜 · K-pop | 대상 초등학교 전 학년 | 책 크기 188×255 | 각 권 페이지 190쪽 내외